本书是 2022 年重庆市教育委员会人文社会科学研究一般项目（项目编号
依托"西南政法大学－尤尼泰税务师事务所有限公司税务硕士研究生联

法 税 融 合 丛 书

应对突发事件的
财税制度研究

廖明月　赵磊磊　著

知识产权出版社

全国百佳图书出版单位

—北京—

图书在版编目（CIP）数据

应对突发事件的财税制度研究／廖明月，赵磊磊著．—北京：知识产权出版社，2025.1.—（法税融合丛书）．—ISBN 978－7－5130－9657－7

Ⅰ.F812.2

中国国家版本馆 CIP 数据核字第 2024VQ2208 号

责任编辑：雷春丽　　　　　　　　　责任校对：潘凤越

封面设计：乾达文化　　　　　　　　责任印制：孙婷婷

封面摄影：蒋孟汛

法税融合丛书

应对突发事件的财税制度研究

廖明月　赵磊磊　著

出版发行：	知识产权出版社 有限责任公司	网　址：	http://www.ipph.cn
社　址：	北京市海淀区气象路 50 号院	邮　编：	100081
责编电话：	010－82000860 转 8004	责编邮箱：	lawpub124@163.com
发行电话：	010－82000860 转 8101/8102	发行传真：	010－82000893/82005070/82000270
印　刷：	北京九州迅驰传媒文化有限公司	经　销：	新华书店、各大网上书店及相关专业书店
开　本：	720mm×1000mm　1/16	印　张：	13
版　次：	2025 年 1 月第 1 版	印　次：	2025 年 1 月第 1 次印刷
字　数：	200 千字	定　价：	78.00 元

ISBN 978－7－5130－9657－7

总 序

党的二十大报告强调，必须更好发挥法治固根本、稳预期、利长远的保障作用。法治是推动社会经济高质量发展的制度基础，缺乏良好的法治保障，将难以推动经济社会稳定运转和全面进步。财税在国家治理中发挥着基础性、支柱性和保障性作用，财税体制改革是推进全面深化改革不可或缺的重要一环。党的二十大报告正式提出并深入阐释"中国式现代化"的理论命题，这一命题同时也对财税治理现代化服务中国式现代化提出了新的要求。在此背景下，财税研究应当积极回应时代之问和实践之问，强化学科会聚，推动建构中国自主的财政税收学知识体系。据此，财税研究应扎根中国大地，把牢深化财税体制改革的着力点，并在充分吸收国际先进经验的基础上，实现本土化与国际化的有机结合，以期建立健全与中国式现代化相适应的现代财税体制。

学科划分是专业门类分工的体现，对促进学术研究和知识积累具有显著意义。但囿于当前社会面临的问题日趋复杂，单一学科恐难以有效应对。学科壁垒和学科封闭亦会影响研究的整体性和关联性，甚至阻碍研究创新。据此，学科融合成为推动学术创新的重要路径。学科发展一般是从通识性知识开始，选择其中某一点深入研究，进而发展成为限定领域和特定主题，形成独有的知识体系。学科融合就是要打破学科壁垒，综合不同学科的思维意识和研究方法，更加全面、系统地推动各领域研究，最终催生新领域、新学科，产生新成果、新知识。习近平总书记强调，要优化基础学科建设布局，推动学科交叉融合和跨学科研究，构建全面均衡发展的高质量学科体系。❶ 该论断深刻地指出了学科交叉融合和跨学科研究的重要意义和目标定位。据此，学术研究需要注重推动不同学科之间的跨界融合，形成更加系统化和综合性的研究范式。这种研究活动显然不同于传统的单一或同类学科研究，其更加重视不同学科之间的深度互补与协调。

具体到财税领域，加强跨学科合作与互动，可以有效解决财税法治建设中的复杂问题，产生超越学科界限的新财税知识，以在财税领域实现真正的"增量研究"。未来，学科之间的交叉融合是必然趋势，本丛书所作出的研究即是一种尝试和探索。当然，法税融合并非在财税研究的基础上简单叠加法学研究，而是重点强调两者之间的互赖互动和有机互补，找到"法"与"税"的交叉点，并以此为逻辑起点探索两者之间的联系，集取一方之长补另一方之短，进而全面拓展研究范围和研究对象，增强研究结论的可靠性。

事实上，财税领域的研究长期得到法学界的广泛关注和参与，其中"税收法定"原则就是一个典型例证。博登海默（Bodenheimer）认为，法律制度的存在需要实现两种基本价值，一是促进公平正义，二是创造社会秩序。❷可见，"法"是底线、是原则。《立法法》❸ 第 11 条确立了"税收法定"原则，要求税种的设立、税率的确定和税收征收管理等税收基本制度只能制定法律，此乃现代国家的一项基本原则——法律保留原则在税收领域的具体体现。党的十八大以来，我国财税体制改革取得显著成就，逐渐建立起"税种科学、结构优化、法律健全、规范公平、征管高效"的税收制度体系。在此过程中，税收法定原则贯穿于整个税制改革进程，我国正朝着"一税一法"的目标稳步迈进。2024 年 12 月 25 日，第十四届全国人大常委会第十三次会

---

❶ 习近平 . 加强基础研究 实现高水平科技自立自强［J］. 求是，2023（15）：4－9.

❷ 博登海默 . 法理学：法律哲学与法律方法［M］. 邓正来，译 . 北京：中国政法大学出版社，2004：330.

❸ 本书提及法律、法规、规章和规范性文件名称时，"中华人民共和国"省略，其余一般不省略。例如，《中华人民共和国立法法》简称为《立法法》。

议表决通过了《增值税法》，自 2026 年 1 月 1 日起施行。增值税是我国第一大税种，随着增值税制定了法律，截至目前，我国现有 18 个税种中已有 14个税种完成了单行立法，包括《企业所得税法》《个人所得税法》《关税法》等，涵盖了绝大部分的税收收入，是全面落实税收法定原则的重要一步。此外，消费税和土地增值税立法方面目前也已向社会公众发布征求意见稿。不仅如此，在法典化立法时代，税收单行法还要朝着整合性、体系化的方向演进，适时开展税法总则的制定和税法典的编纂，尤为必要。这既是全面落实"税收法定"原则的应有之义，也是现代税法理论创新发展的重要契机。

当然，财税理论研究和制度建设还需回应当前的重大实践问题。举例而言，一是回应"风险社会"的环境变迁。"有为政府"应当有效运用财税机制应对这种复杂多变的风险环境，利用普惠性纾困扶持措施、特定行业扶持措施等缓冲外部冲击并刺激经济复苏。在应对突发事件时，政府可以对受影响严重的行业提供专项资金补贴、税款减免、亏损结转年限延长等措施，促进企业复工复产。为鼓励科技创新和技术进步，政府可以加大对高新技术企业的税收优惠力度，推动产业升级转型，增强经济发展"韧性"。在风险社会语境下，更好发挥财税制度筹集财政收入、调节经济运行等基本作用，还需要强化其风险管理功能，提升国家财政可持续性。二是回应"区域一体化发展"的时代趋势。在京津冀、长三角、粤港澳和成渝等经济圈，创新性区域税收治理机制正成为推动全国区域一体化发展的重要因素。这些区域不仅是中国经济发展的增长极，也是探索区域税收协同的重要试验田。加强区域税收制度协调，可以构建更加高效、公平的区域税制环境，促进资本、技术和人才等生产要素自由流通。近年来，国家税务总局积极推进区域间的税收合作与一体化建设，致力于强化税收政策的协同性和一致性，确保税务执法的标准性和联动性，以助推全国统一大市场建设。三是回应纳税主体"税务合规"的现实诉求。近年来，涉税案件数量持续增加、涉案企业数量居高不下，税收违法问题成为企业经营发展的一大雷区。面对经营中的税务挑战，企业须严格遵守国家税收法律法规和行业规范，建立健全内部税务管理机制，防范税务风险。更重要的是，精细化的税收立法样态更符合税务合规的现实需求，我国税收法律制度需要不断提升其确定性，为纳税主体提供稳定可预期的法治环境。

以上关于财税理论和实践的探讨，实际上都要求将财税与法治紧密联系，同时也要求传统财税研究范式向与法学交叉的方向转型。需要重申的是，税收法定原则是税法原则的核心原则，其强调了立法机关在制定税收规则中的主导地位，以实现对征税权力的控制和纳税人权利的保障。可以说，税收与法治的深度融合有利于推动税收法治化进程，并以此为引擎推动实现中国的税收治理现代化。本丛书正是立足法税融合的基本立场，以期推动财税研究的拓展和深化。第一，丰富财税研究的视角。财税制度涉及"财税"本身，但本质上是"制度"。作为制度，必然需要从法学层面对其结构、规范和价值等命题进行深入思考。从法学视角研究财税制度，对国家财税体制改革具有重要的理论价值和现实意义。第二，增强对中国特色财税制度实践的理论解释力。财税关乎宏观经济秩序和民众日常生活，在不同的国家有不同的经济基础和社会环境。中国的财税制度具有鲜明的中国特色，这也是建构中国自主的财政税收学知识体系的基本条件，为此需要运用法学的立场、观点和方法对中国财税制度实践进行理论提炼。第三，促进法治思维与涉税业务的良性互动。法治思维与涉税业务相结合，既符合新时代涉税服务行业发展的新要求，也能确保涉税业务在法治框架内开展，助力将法治成果转化为优化涉税业务生态的驱动力量。

是为序。

韩　烨

2024 年 12 月于重庆

前言

FOREWORD

20世纪80年代以来，德国社会学家乌尔里希·贝克（Ulrich Beck）连续发表了一系列关于风险社会的理论著作，对现代社会形成了一种全新理解和认知。时至今日，不同学科和领域的学者也常用"风险社会"这一词汇来描述现代社会所具有的特征，或者作为一种重要的研究背景。"风险"一词已经成为理解现代社会的一个重要切入点，人们已经置身于一个与传统社会截然不同的"风险社会"之中，这一点也几乎成为相关学术讨论不言而明的前提。现代风险社会背景下，突发事件的触发因素多元、形成机制复杂、后果影响深远，政府在人力、物力和财力等方面不足所引发的应急低效率可能使人们质疑"万能政府"的形象，人的有限理性力量似乎并不足以掌控自然和社会，进而难以保障人类社会有规则、有秩序地稳定运转。2019年底，新冠疫情突如其来，影响广泛，导致全世界都陷入了一种"巨灾状态"。尽管疫情已经转段，但地震、飓风、洪水、战争、暴乱、瘟疫……这些类似的自然灾害、重大事故和社会安全威胁等公共性突发事件仍在不断上演，并且呈现出由非常态化偶发向常态化频发转变的趋势。现代风险不再是孤立的，"没有人是孤岛"。突发事件的影响将波及全社会，甚至以一种"平均化分布"的方式影响到每个人。此外，在当今信息技术高度发达的时代，人类社会生活和交往方式的网络化和智能化程度日益提高，突发事件所导致的恐惧感和不信任感与现代信息传播机制相互交织并持续发酵，由此引发更严重的社会动荡与不安，人类社会将面临更多的不确定性和风险挑战。

多难兴邦，危机不可怕，关键在于如何应对。党的十八大以来，习近平总书记站在统筹发展与安全、推进国家治理体系和治理能力现代化的战略高度，创造性提出总体国家安全观，就防范化解风险、应对突发事件作出一系列重要论述，为突发事件应对工作提供了根本遵循。历史地看，风险与人类社会实际上是始终共存的。但进入近现代尤其是新世纪以来，一些新型风险和突发事件逐渐显现，非传统安全问题日益突出。党的十九大报告把恐怖主义、网络安全、重大传染性疾病、气候变化等非传统安全威胁的持续蔓延，视为人类共同面临的挑战。可以说，当今社会面临着来自传统与非传统安全威胁的叠加影响，需要积极探索与新风险形势相适应的应急管理体制机制。当前，我国正在开启新一轮财税体制改革进程，旨在建立健全与中国式现代化相适应的财税制度。在这一过程中，财税制度的调整和变革是多种因素合力作用的结果，而强化风险防控和应急保障应当是重要考量因素，这是因为国家安全是中国式现代化行稳致远的重要基础。

突发事件的负外部性特点，决定了通过市场机制解决其产生的社会成本的方式存在缺陷，因而需要国家的全面干预和调控。财政和税收作为国家宏观调控和资源配置的重要工具，在现代国家治理体系中具有基础性、支柱性地位，肩负着相应的应急保障功能。在我国，党和政府需要通过财税政策工具组织调动各类应急资源，积极消除公共危机和维持经济稳定。诚然，我国在历次突发事件发生后都及时制定了具有针对性的财税政策，有力促进了国民经济回升和生产生活恢复。但是，这些财税政策是否达成了目标，或者说，达成既定目标是否还有更低成本的制度方案，也值得思考。以应对新冠疫情为例，一些财税政策还存在实效性不强、规定适用模糊和执行效果有限等问题。例如，财政部、国家税务总局发布的《关于支持新型冠状病毒感染的肺炎疫情防控有关税收政策的公告》（财政部、税务总局公告2020年第8号）显示，受疫情影响较大的困难行业企业2020年度发生的亏损，最长结转年限由 5 年延长至 8 年。该政策无疑对交通运输、餐饮、住宿和旅游四大类行业企业是个利好，但是它的实际效果更多是在未来 8 年里逐步显现，存在一定不确定性。又如，一些地方对失业保险稳岗政策的门槛较高，对企业规模和类型、职工平均人数等条件均进行了限制，可能导致政策落实困难和效应滞后等问题。那么，财税治理机制与突发事件应对之间存在何种理论关联？财税应对的方向以及具体路径如何选择？或者说，如何从系统性的制度层面为财税政策手段应对突发事件提供根本指引，既能够用于应急响应，又能够持续有效运行，以提高经济社会的内生修复力？

本书立足于对上述问题的思考，首先从财税制度何以应对突发事件入手，探寻突发事件中财税治理的基本原理和理论依据；其次，"他山之石，可以攻玉"，从他国财税制度应对突发事件的实践入手，为我国提供可资借鉴的经验；最后，从制度面向提出完善财政收入制度、财政支出制度和应急财政管理制度的建议。应当指出的是，针对不同类型的突发事件，理论上应当采取不同的应急财政措施，而本书的内容主要针对自然灾害、疾病疫情，尚不能涵盖突发事件的全部。一些财税制度方案只是具备了初步框架，如何具体落实还需要考虑更多实际因素，尚需在今后深入研究。

通过研究，本书形成了一些基本学术观点：第一，构建常态化财政资金直达机制。需要将应对突发事件创立的临时性财政资金直达机制固化为常态化的制度安排，持续巩固其成效，即财政直达资金的分配与使用不再是临时性、应急性的措施，而应当成为财政管理体系中的固定环节。第二，尝试建立税收应急响应机制。建议在《税收征收管理法》中增设税收应急条款，以便在突发事件发生时税务部门依法启动快速响应程序，确保紧急状态下税收征管能够灵活适应应急管理活动的需要。第三，加强政府债务风险管理。在突发事件对财政收入造成较大冲击的情况下，政府适度举债可有效拓宽融资渠道，是积极财政政策的重要表现。但与此同时，我国政府债务尤其是地方政府债务也出现了超越自身财力举债、更改债务资金用途等异化现象，为此需要加快建立政府债务管理及风险预警机制，强化债务风险管控。

《应对突发事件的财税制度研究》一书为重庆市教育委员会人文社会科

学研究一般项目"国家治理视野下突发卫生事件的财税法应对机制研究"（项目编号：22SKGH045）的结项成果，依托"西南政法大学－尤尼泰税务师事务所有限公司税务硕士研究生联合培养基地"完成，由我和赵磊磊共同撰写，同时也感谢万龄熙、贺雨柔、纪旻琛、陈宇懿、饶琪瑶对本书写作的实质性贡献。其中，万龄熙参与第一章写作并全面参与书稿校对工作，贺雨柔参与第二章和第三章写作，纪旻琛参与第四章和第六章写作，陈宇懿参与第五章写作，饶琪瑶参与第六章和第七章写作。从资料收集到思路论证，从初稿到成书，每个环节都离不开他们的付出。此外，本书得以出版，同样离不开西南政法大学商学院韩炜院长、税务硕士教育中心葛静主任以及知识产权出版社雷春丽编辑的大力支持，在此表示由衷感谢！最后，希望本书能够为学界了解风险社会和突发事件应对提供财税研究视角，为国家制定相应的财税政策提供智识支持。

廖明月

2024 年 12 月

目录

CONTENTS

第一章

导　论

　　2008 年，突如其来的汶川地震，让我国人民深刻体会到生命的脆弱和不可预测。与此同时，人民历史性地见证了我国抗震救灾政策启动迅速，特别是一系列紧急财税政策措施的出台，有效保障了群众基本生活，推动了灾后重建。2019 年底，新冠疫情暴发，猛烈冲击着社会秩序和世界经济。各国政府纷纷启动应急财税计划，包括财政补助、社保补贴、税费减免等各种形式的财税政策密集出台，成为恢复正常生产生活秩序、推动世界经济复苏的重要手段。现代社会本质上是一种风险社会，突发事件呈现出一种高发状态。❶ 突发事件的应对事关民众生命财产安全和社会大局稳定，极大考验着一个国家的应急反应能力和应急治理能力。应当指出的是，应对突发事件存在多种制度安排，而财税制度无疑是关键所在。在风险社会背景下，如何构建一套有效的应对突发事件的财税制度体系，是一个重大的理论和现实命题。

---

❶ 夏玉珍，吴娅丹 . 中国正进入风险社会时代 ［J］. 甘肃社会科学，2007（1）：20 - 24.

第一节　制度背景与问题由来

当前，人类社会已经进入充满复杂性和不确定性的时代，处在一个"天灾"与"人祸"随时不期而至的环境中，一个突出的表现就是极端突发事件的发生。根据《突发事件应对法》，突发事件包括自然灾害、事故灾难、公共卫生事件和社会安全事件，其具有突然暴发性、公共危害性、不确定性等多重特征。在当今经济一体化加速、社会关系结构日趋复杂、自然生态系统濒临失衡的大环境下，突发事件呈现出频发多发的高风险态势，愈发成为危害社会公共安全的一大风险源。❶ 以突发公共卫生事件为例，仅 21 世纪以来，人类社会就先后遭受 2003 年非典型肺炎、2009 年甲型流感、2012 年中东呼吸系统综合征、2014 年埃博拉病毒、2016 年寨卡病毒、2019 年新型冠状病毒的侵袭。从具体影响上看，一些重大突发事件以其巨大的破坏力，全方位威胁到政治稳定、经济发展、社会和谐乃至生态平衡。本书选取了 2015 年以来国内外出现的一些典型事件，如表 1 - 1 所示，这些重大突发事件的严峻程度之深、影响范围之广、持续时间之长，往往出人意料。其中，在自然灾害方面，就相继出现了 2019 年澳大利亚森林大火、2021 年中国河南特大暴雨等。值得注意的是，随着信息社会和数字化时代的来临，互联网网络安全突发事件也呈现出一定的频发态势，典型的如 2017 年美国某征信机构个人信息大规模泄露事件。

表 1 - 1　2015 年以来国内外突发事件列举

地区	事件	过程与影响
国内	天津港爆炸事件①	2015 年，位于天津市滨海新区塘沽开发区的天津东疆保税港区瑞海国际物流有限公司所属危险品仓库发生爆炸，数千辆停放在天津港仓储场内的汽车在事故中损毁

---

❶ 高恩新. 从非常态管理到常态管理：西方危机管理理论综述 ［J］. 复旦公共行政评论，2007 (00)：41 - 56.

续表

地区	事件	过程与影响
国内	福建泉港"碳九"泄漏事件②	2018 年，福建省泉州市泉港区因船舶与码头连接软管处损坏，造成数吨"碳九"泄漏并污染附近海域，使周边渔民遭受严重损失，是一起安全生产责任事故引发的环境污染事件
	河南郑州等地特大暴雨事件③	2021 年，河南省郑州市等地遭遇历史罕见特大暴雨并引发严重城市内涝，根据河南省防汛救灾第十场新闻发布会，暴雨造成重大人员伤亡，直接经济损失 1142.69 亿元
	河北涿州特大洪水事件④	2023 年，受台风"杜苏芮"影响，河北省涿州市遭遇罕见特大暴雨洪水灾害，据涿州官方初步统计，有 47 万余人受灾，农作物受灾面积达 28621 公顷，农林牧渔业损失超过 9 亿元
国外	美国某征信机构个人信息大规模泄露事件⑤	2017 年，美国征信巨头艾可菲（Equifax）发布消息称因数据库遭到攻击，致使大量用户的敏感个人信息如姓名、社会保障号码、出生日期、家庭地址等意外泄露
	澳大利亚森林大火事件⑥	2019 年，澳大利亚东部地区经历了一次长达 4 个月之久的森林大火，山火烧毁了大片土地和植被，导致大量野生动物死亡，对当地生态系统造成巨大破坏
	美国得克萨斯州极寒天气与电力危机事件⑦	2021 年，美国得克萨斯州持续遭受极端严寒天气侵袭，同时数百万居民遭遇断电危机，在极寒天气中失去现代设施的保护，企业生产经营也陷入瘫痪状态
	俄罗斯莫斯科音乐厅枪击事件⑧	2024 年，俄罗斯首都莫斯科一音乐厅发生严重枪击事件并引发火灾，有几名身着迷彩服的不明身份人员对人群发动袭击，造成大量人员伤亡，俄罗斯外交部发表声明将本次枪击事件定性为"恐怖袭击"

资料来源：

①李唐宁. 天津港爆炸事故余波：房产、汽车、保险等领域均受影响 [N/OL]. 经济参考报，2015 – 08 – 18 [2022 – 05 – 18]. http：//finance. people. com. cn/n/2015/0818/c1004 – 27477210. html.

②陈龙山，孙虹. 福建泉港碳九泄漏续：渔民盼将损失降到最低 [EB/OL]. （2018 – 11 – 09）[2022 – 05 – 20]. http：//news. cctv. com/2018/11/09/ARTIeJjMPwhX8Fdk5aN9 dvUS181109. shtml.

③河南省政府新闻办公室. 河南省防汛救灾新闻发布会第十场 [EB/OL]. (2021 –
08 – 02) [2022 – 05 – 20]. http://m. henan. gov. cn/2021/08 – 02/2194036. html.

④佚名. 涿州47万余人受灾,农作物受灾面积达28621公顷 [EB/OL]. (2023 –
08 – 09) [2023 – 11 – 20]. https://news. cctv. com/2023/08/09/ARTIveAxdm9Yh5lI6unOJaEb
230809. shtml.

⑤佚名. 征信巨头 Equifax 数据库被黑, 1.43亿美国人隐私受威胁 [J/OL]. 中国经
济周刊, 2017 (38) [2023 – 11 – 20]. https://www. ceweekly. cn/mag/2017/0925/206448.
html.

⑥佚名. 燃烧的澳大利亚:山火为何持续了4个月 [EB/OL]. (2020 – 01 – 06)
[2023 – 11 – 20]. https://news. cctv. com/2020/01/06/ARTIqzxk19jbrgX9g4BHvRZp200106.
shtml.

⑦张宇琦. 得州断电致百万居民受困, 谁的锅 [EB/OL]. [2023 – 11 – 22]. https://
www. lifeweek. com. cn/article/125210.

⑧陈汀, 刘恺. 莫斯科近郊音乐厅枪击事件已致40人死亡 [EB/OL]. (2024 – 03 –
22) [2024 – 04 – 20]. https://news. cctv. com/2024/03/23/ARTIgPps6P3jMaMUel1MKq6E240
323. shtml.

现代社会突发事件频发的背后成因多元而复杂,至少可归纳为以下几点:
第一,人口聚集与城市化扩张下的负面影响。这一发展态势不仅使人类社会
面临资源瓶颈和环境容量的制约,带来世界资源供应链危机,还威胁到生物
链的平衡性,削弱了自然生态系统的适应性和恢复力,从而导致自然灾害发
生频率的上升和破坏力的增强。第二,工业化与科技革命附带的新风险挑战。
技术进步在为人类社会带来前所未有的便利与机遇的同时,也带来了不可忽
视的负外部性效应,❶ 如工业事故的偶发、化学物质的意外泄漏、核能利用
的潜在风险,以及人工智能、生物工程等新兴领域的伦理困境与安全挑战。
第三,社会分化和不平等现象的加剧。随着经济社会的加速转型,社会结构
日益复杂,加剧了本就存在的社会分化与不平等问题,加之当前地缘政治风
云变幻、局势动荡不安,更容易为恐怖主义的滋生、暴力事件的暴发埋下伏
笔。同时,一些重大突发事件的发生又会进一步放大这种社会不平等问题,
加速一些已经存在的负面趋势。❷ 第四,全球化进程深度推进的隐忧。随着

---

❶ 安东尼·吉登斯. 现代性的后果 [M]. 田禾, 译. 南京: 译林出版社, 2000: 44.
❷ 杨解朴. 新冠肺炎疫情下德国社会不平等加剧的表现、原因及影响 [J]. 世界社会主义研
究, 2021 (9): 57 – 67.

国与国之间的纽带联系愈发紧密，人员往来、资本流动和信息传递均达到了史无前例的高度，为世界经济的蓬勃发展与社会生活的全面进步铺设了广阔道路，但同时也在无形中为各类风险的跨国界扩散埋下隐患，使危险和危机播撒更快更广。❶

面对突发事件带来的影响和挑战，若不及时采取有效措施应对，一方面可能导致公共安全和秩序的瓦解，另一方面可能因资本市场的剧烈震荡而引发系统性金融风险和经济危机。❷首先需要明确的是，政府在应对突发事件中无疑发挥着主导作用，其可以通过建立预警机制、制定应急预案、组织应急演练、实施紧急救援、启动事后恢复重建等一系列措施，减轻突发事件的负面影响，最大程度保障人民生命财产安全。事实上，作为公权力的象征和代表，政府掌握着最丰富的公共资源、拥有最严密的行政组织体系、具备最强大的社会动员能力，这种优势是任何个人与社会组织都无法比拟的。在现代社会，政府也是公共风险的最终承担者。❸综上所述，政府有能力也有责任在突发事件发生后及时采取有效措施控制事态发展，汇聚各方力量并充分发挥主导作用。❹尤其是在当下风险社会中，及时有效地处理突发事件已经成为政府的一项日常性工作。❺

为了预防和减少突发事件的发生，控制甚至消除突发事件引起的严重社会危害，需要政府科学、精准地实施宏观调控策略。有必要指出的是，财政是政府进行宏观调控的常用政策工具，应对突发事件首先需要政府财政资金的大规模投入。从更深层次上而言，财政是实施现代国家治理的必要物质基础，应对突发事件也要求政府具备快速筹集和合理使用财政资金的能力。在

❶ 薛晓源. 风险、韧性与全球化：全球化的隐喻、困境与曙光 [J]. 探索与争鸣，2024（4）：5-9.

❷ 杨子晖，陈雨恬，张平淼. 重大突发公共事件下的宏观经济冲击、金融风险传导与治理应对 [J]. 管理世界，2020（5）：13-35.

❸ 戴维·莫斯. 别无他法：作为终极风险管理者的政府 [M]. 何平，译. 北京：人民出版社，2014：51.

❹ 姬广科. 突发事件应急管理中的政府责任机制研究 [M]. 长沙：湖南人民出版社，2015：1.

❺ 童星，张海波，等. 中国转型期的社会风险及识别：理论探讨与经验研究 [M]. 南京：南京大学出版社，2007：30.

新的历史时期，我国逐步深化了对财政本质的认识。党的十八届三中全会明确提出"财政是国家治理的基础和重要支柱"这一重大论断，将往常作为经济范畴、经济领域要素之一的财政明确提高到国家治理层面，突出强调了财政概念中"政"的属性。❶ 党的十九大明确要求"加快建立现代财政制度"，确立了财税体制改革的基本目标。❷ 在某种程度上，新时代我国对财政的认识深化，也为探索突发事件应对中财政的作用发挥提供了理论资源，有利于从理论层面探索风险社会背景下的财税制度创新。党的二十大强调要提高公共安全治理水平，建立大安全大应急框架，提高防灾减灾救灾和重大突发公共事件处置保障能力，加强国家区域应急力量建设。党的二十届三中全会进一步指出要"完善公共安全治理机制"，把维护公共安全放到更加突出的位置。综合来看，加强突发事件应对的财政保障，为政府处理突发事件提供坚实的物质基础，是建立现代财政制度、提高公共安全治理水平的应有之义。❸

　　复杂社会生态环境下突发事件的有效应对和处置离不开财税制度支持，但客观而言，现代社会突发事件的频发性与不确定性对财税制度建设提出了更高的目标要求，尤其是对财税政策的灵活性和前瞻性构成了重大考验，也更加强调非常时期财税制度供给的整体性、协同性、平衡性和人本性。诚然，我国现有财税制度体系在应对公共卫生危机、自然灾害、事故灾难等突发事件中发挥了不可或缺的作用，但实践中也暴露出一些制度短板和不足，亟待进行调整与优化。当前，我国应急管理体制机制尚难言健全，应急财政方面容易出现资金来源不稳定、资金去向不明确、各级政府之间权责划分不清晰、对应急财政资金监管不到位导致使用效率较低等一系列问题。❹ 更应当看到的是，在应对突发事件的过程中，政府治理层面所暴露出的一系列问题和矛

❶ 杨灿明. 基于财政视角理解国家治理体系和治理能力现代化 [J]. 国家治理, 2019 (1): 9 – 12.

❷ 涂龙力. 加快财税体制改革 建立现代财政制度 [N]. 深圳特区报, 2018 – 01 – 16 (C02).

❸ 税收是财政的基石，是财政制度的基本组成部分。"财政制度"与"财税制度"两个概念表达的意思相近，前者是国家法律和政策文件中的规范用语，后者常见于学术研究中，用以强调研究对象更加关注"财政制度"中的"税收制度"，本书也并不严格区分这两个概念。

❹ 黄程栋, 杜泽琳. 推动应急财政作用有效发挥 [N]. 学习时报, 2014 – 09 – 29 (A04).

盾，也会以一定形式折射到财政领域，这是财政在国家治理的基础性和支柱性地位所决定的。❶ 总体而言，风险社会的来临对传统的风险治理机制提出了新的挑战，面对突发事件，我国现有财税应对机制仍然存在较大的完善空间，推动建立与突发事件可能造成的社会危害的性质、程度和范围相适应的财税制度体系，殊为必要。

第二节 相关研究梳理

风险社会是世界百年未有之大变局的基本特征，在此背景下，突发事件已经由非常态变为常态、由偶发变为多发、由局部波及全国乃至全世界，充满了高度不确定性。相应地，学界对突发事件的关注程度也在不断提高，尤其是新冠疫情发生以来，关于突发事件应对的相关研究成果日益丰富。需要强调的是，对于任何一个学科或者研究领域来说，关注已有研究成果中的学术观点和结论都是很重要的，而文献综述是整合已有研究成果的最佳方式。❷ 前文已述，财税制度是应对突发事件的基础和保障，而如何更好地发挥财税制度在应对突发事件中的重要作用，也是财税领域研究的重大时代课题。下文将对财税领域和其他相关领域已有的国内外研究加以梳理和总结，并对研究趋势作出评价和展望。

一、文献回溯

（一）关于应对突发事件的财税制度一般原理研究

1. 财税制度应对突发事件的基本理路

防范化解公共风险是财政的基本职能，刘尚希较早关注到财政政策工具

---

❶ 孙玉栋，王强. 财政应对突发公共卫生事件的制度逻辑及其机制完善 [J]. 改革，2020 (4)：28 - 36.

❷ SNYDER H. Literature review as a research methodology：an overview and guidelines [J]. Journal of Business Research，2019，104：333 - 339.

对风险的对冲作用，并基于风险逻辑对财政制度展开研究，认为公共风险已经呈现出急剧扩大的趋势，而财政天生就是承担公共风险的，其所承担的公共风险主要是限于市场机制不能达到的领域。❶ 多纳休（Donahue）和乔伊斯（Joyce）指出，理论上现代应急管理是由减灾、准备、响应和灾后恢复四个阶段组成的，但实践中，美国相当一部分联邦救灾资金不是来自常规拨款而是事后性质的补充拨款，对此，改革方案在于救灾资金需要更好地适应前端预防工作，而不是简单地在灾害发生后作出反应。❷ 事实上，公共危机一旦来临，财政是难以置身事外的，因此建立起针对突发事件的财政应急反应机制至关重要，该机制具体涉及财政应急决策系统、财政应急动员系统和财政应急反馈系统。❸ 苏明和刘彦博认为，应急管理属于社会公共产品和公共服务，不能通过市场机制有效运作，因此突发事件的应对应当由公共财政予以保障。❹ 侯书和与张子礼从政府的安全责任及其制度保障出发，强调政府安全责任的实现在很大程度上取决于财政在公共安全方面的投入，为此需要建立起安全财政与安全基金制度。❺ 闫天池和李宏认为，应对突发事件的财政保障机制的实质内容是对财政应急资金的有效管理，需要以"一案三制"（突发事件的应急预案、应急机制、应急体制和应急法制）为基本框架。❻ 茅孝军基于功能主义税法观指出，税收应急治理的主要目标是降低应对突发事件的阻力并激励社会各界参与，与之相适应，税收应急治理面临的主要问题也是如何高效调动人力、物力和财力资源，为此需要引入社会学中的"项目化管理"来重新诠释税收应急治理的现代化。❼

❶ 刘尚希. 公共风险与财政抉择 [J]. 财贸经济, 1999 (10): 18-21.

❷ DONAHUE A K, JOYCE P G. A framework for analyzing emergency management with an application to federal budgeting [J]. Public Administration Review, 2001, 61 (6): 728-740.

❸ 刘尚希, 陈少强. 构建公共财政应急反应机制 [J]. 财政研究, 2003 (8): 15-20.

❹ 苏明, 刘彦博. 我国加强公共突发事件应急管理的财政保障机制研究 [J]. 经济与管理研究, 2008 (4): 5-11.

❺ 侯书和, 张子礼. 风险社会中政府的安全责任及其制度保障 [J]. 行政论坛, 2011 (3): 23-27.

❻ 闫天池, 李宏. 应对突发事件的财政保障机制研究 [J]. 中央财经大学学报, 2012 (12): 14-17.

❼ 茅孝军. 取道"项目化管理": 中国税收应急治理的功能主义进路 [J]. 地方财政研究, 2022 (1): 80-87.

2. 应急财政的基本理念

应急是政府的重要职能，而财政作为政府进行应急管理的物质基础，能够为应对各类突发事件提供财力保障。❶"应急财政"的范式建构和制度实践需要多种理念和价值的指引，具体来说：

第一，总体国家安全观视角下的财政安全。国家安全可以被定义为保障公民的安全或福祉免受重大威胁的一系列公共政策，能够减轻未来可能出现的极端事件的灾难性后果。❷ 在我国，总体国家安全观是国家安全工作的基本指导思想，统领了包括应急管理在内的一切国家安全活动。❸ 财政安全主要表现为财政能够保障政府各类职能的正常履行，当出现重大突发事件时，财政制度应当表现出强大韧性以确保可持续性。❹ 许玉久等为现代财税体系安全运行研究提供了一种"财政韧性"的分析框架，认为财政韧性是财政系统抵御风险冲击、稳定恢复和持续发展的一种机能，应急财政理应体现出"统筹发展和安全"的要求。❺ 马海涛等认为，财政安全的重点是应对国内外自然、政治、经济、社会等领域的各种重大冲击，防范化解重大风险，同时强调立足总体国家安全观视角探讨新时期我国的财政安全问题，为此需要明确财政安全在总体国家安全观中的地位，注重形成高效的财政应急管理机制。❻

第二，公私合作与风险分担原则。目前，公私合作治理已经成为公共行政的一大潮流与趋势。具体到灾害和危机管理领域，有学者认为，公私合作模式能够有效克服自然灾害等极端事件的负面影响，这种模式在许多发达国

❶ 刘尚希，赵劲松. 在公共风险视角下深入构建财政应急管理机制 [J]. 贵州财经大学学报，2023 (3)：1-6.
❷ MURPHY K M, TOPEL R H. Some basic economics of national security [J]. American Economic Review, 2013, 103 (3)：508-511.
❸ 马怀德，汤磊. 总体国家安全观视角下的公共应急管理法治化 [J]. 社会治理，2015 (3)：32-38.
❹ 张凯强，陈志刚. 财政安全与中国国家治理实践 [J]. 当代经济管理，2023 (5)：82-87.
❺ 许玉久，李光龙，王登宝. 统筹发展和安全的财政韧性研究：基于财政应急治理的视域 [J]. 地方财政研究，2023 (5)：14-27.
❻ 马海涛，姚东旻，于曙光. 我国财政安全的内涵、挑战和实现路径：基于总体国家安全观视角 [J]. 经济理论与经济管理，2024 (5)：9-24.

家都得到了成功实践，而对于发展中国家而言，更需要公共部门与私人参与者形成相互协调、风险共担的格局。❶钟开斌认为，财政承担公共风险的必然性并不意味着政府要承担全部的财力保障责任，基于此，他提出了应急财力保障中政府、市场与社会之间责任划分的理论框架，主张在各级财政之间、政府各个部门之间，以及政府与企业、居民之间构建风险分担的制度框架。❷冯俏彬提出，以"风险分散、责任分担"为原则构建综合性应急资金保障体系，其由政府、市场、社会共同承担出资责任，具体包括财政资金、保险资金、银行信贷资金和社会捐赠资金等多种资金来源，以此改变我国历次应急处置中主要由财政资金独力苦撑大局的情况。❸

第三，应急状态下的法治思维运用。法律是许多应急响应工作的基础，而随着新型疾病和其他公共卫生威胁的出现，新的法律应对问题会不可避免地产生。❹《法治政府建设实施纲要（2021—2025年）》明确提出："坚持运用法治思维和法治方式应对突发事件，着力实现越是工作重要、事情紧急越要坚持依法行政，严格依法实施应急举措，在处置重大突发事件中推进法治政府建设。"进一步看，应对突发事件的财税制度同样要求在法治轨道上运行，《预算法》《政府采购法》《突发事件应对法》等法律规定了应对突发事件的财政预备费、政府紧急采购、应急救援资金管理等基本财政问题，初步建立起具有中国特色的财政应急法制体系。❺一般而言，"紧急状态"是比"应急状态"更为严重的一种状态。紧急状态一般因内乱、战争等引发，当然也会因自然灾害、事故灾难等突发事件而引发。❻殷继国对紧急状态和非

---

❶ AUZZIR Z A, HAIGH R P, AMARATUNGA D. Public – private partnerships（PPP）in disaster management in developing countries：a conceptual framework［J］. Procedia Economics and Finance，2014（18）：807 – 814.

❷ 钟开斌. 突发公共事件中的应急财力保障与多元责任分担［J］. 改革，2008（7）：144 – 150.

❸ 冯俏彬. 应急财政：基于自然灾害的资金保障体系研究［M］. 北京：经济科学出版社，2012：35.

❹ COURTNEY B. Five legal preparedness challenges for responding to future public health emergencies［J］. Journal of Law, Medicine & Ethics, 2011, 39（S1）：60 – 64.

❺ 姚小林. 论公共财政的应急立法［J］. 广东商学院学报，2008（4）：89 – 93.

❻ 胡建淼. 领导干部该知道的应急法律知识［N］. 学习时报，2020 – 03 – 04（A03）.

紧急状态下的法律保障功能作出区分，认为紧急状态的出现会对法律的确定性构成挑战，需要法律授权政府在特殊时期采取"特事特办"的临时性措施，具体到应急税收调控法层面，主要是通过税收优惠来提高纳税人克服紧急状态下经营或生活困难的能力。❶ 域外方面，有学者立足于美国秋季飓风和"9·11"恐怖袭击两类突发事件中税收立法的比较考察，认为灾后税收立法需要秉持横向公平、纵向公平和经济效率的基本原则。❷

（二）关于应对突发事件的具体财税措施研究

1. 应急性税收优惠政策

税收优惠是应对突发事件最为常见的政策手段，早在"非典"疫情时期，高培勇就探讨了应对"非典"疫情冲击的各种临时性税收优惠措施对财政收入的影响，❸ 万素林探讨了给予受"非典"疫情影响较大的行业适当税收优惠措施的必要性，❹ 马杰论证了针对"非典"危机而启动的税收减免举措拓展了积极财政政策的内涵。❺ 朱晓冲指出，我国应对自然灾害的税收政策主要是税收优惠，而且各税种的税收优惠主要是以税收减免和捐赠扣除为主。❻ 在新冠疫情发生后，税收优惠政策发挥的特殊作用愈发受到学界的认可和重视。蔡昌等人认为，新冠疫情期间税收优惠政策的适用对象分为企业和个人，能够发挥防控激励、纾解困难和复产复工的作用。❼ 马金华和张继云认为，疫病防控时期免征、减征、缓征等直接性税收优惠应当体现出以民为本的理念，切实减轻企业经营负担和个人经济压力，实现"减负"与"纾困"并重的政策目标。❽ 李明和汪晓文认为，税收优惠政策会发挥出示范效

---

❶ 殷继国. 紧急状态下经济法的应急保障功能 [J]. 政法论丛, 2020 (3)：49 - 58.

❷ APRILL E P, SCHMALBECK R. Post - disaster tax legislation: a series of unfortunate events [J]. Duke Law Journal, 2006, 56 (1)：51 - 100.

❸ 高培勇. 防治"非典"与财税安排：影响及对策 [J]. 税务研究, 2003 (6)：8 - 11.

❹ 万素林. SARS 危机对税收的影响 [J]. 税务研究, 2003 (6)：11 - 13.

❺ 马杰. SARS, 公共财政与公共卫生 [J]. 涉外税务, 2003 (7)：23 - 25.

❻ 朱晓冲. 建立和完善应对自然灾害的财政政策 [J]. 经济纵横, 2008 (7)：40 - 42.

❼ 蔡昌, 徐长拓, 王永琦. 新冠肺炎疫情防控的财税对策研究 [J]. 税收经济研究, 2020 (2)：10 - 19.

❽ 马金华, 张继云. 税收与防疫：明代以来我国疫病防控的税收应对与现实启示 [J]. 税务研究, 2020 (9)：142 - 145.

应，引导更多资金流向与防疫抗疫相关的行业和企业。❶ 当然，也有学者质疑税收减免措施在应对突发事件中的作用，认为紧急税收减免措施会造成经济扭曲，也会放大低收入纳税群体的脆弱性，对社会经济地位较低的纳税人不利。❷

2. 特殊转移支付机制

对财政转移支付，最为常见的分类是一般性转移支付和专项转移支付，前者主要用于弥补地方财政缺口和调节地区财力差距，而后者是为了完成特定目标而设置的。在本质上，转移支付不是一种即时性的财政奖励机制，而是一种延时性的补偿机制，这种"延时性"无疑与应对突发事件所要求的"及时性"有所冲突，因此，如何构建与突发事件应对相适应的转移支付机制引发了学界普遍关注。学界大致提出了两种应对突发事件的特殊转移支付机制。第一，横向转移支付机制。根据政府间财政关系，转移支付又可划分为纵向转移支付和横向转移支付。德国各州之间存在直接的横向转移支付，如同级州之间通过"富帮穷"方式实现财政资金转移支付。❸在我国，"对口支援"一直被普遍认为是横向转移支付的创新性使用，在汶川震后重建期间，来自东部和中部地区的对口支援为试行横向转移支付提供了现实可能性的范例。❹ 第二，财政资金直达机制。这种特殊转移支付机制是我国在新冠疫情时期纾解地方财政压力，实现"六稳""六保"的创新性财政政策工具。余欣艺等人认为，特殊转移支付虽然收效明显，但是还存在管理上的难题，需要理顺特殊转移支付机制中部门监督职责划分，建立常态化的公共应急资金直达机制。❺ 李蕊认为，作为非常规操作和财政直达性工

---

❶ 李明，汪晓文. 应对突发公共卫生事件的税收政策探讨 [J]. 财政科学，2020 (2)：17 - 23.

❷ STEAD M M. Implementing disaster relief through tax expenditures: an assessment of the Katrina emergency tax relief measures [J]. NYU Law Review, 2006 (81)：2158 - 2191.

❸ WERNER J. Fiscal equalisation among the states in Germany [J]. Institute of Local Public Finance, 2008.

❹ 路春城. 论我国横向财政转移支付法律制度的构建：基于汶川震后重建的一点思考 [J]. 财政监督，2009 (1)：65 - 67.

❺ 佘欣艺，许坤，许光建. 新冠疫情下的特殊转移支付机制：特点与效果 [J]. 价格理论与实践，2020 (7)：8 - 12.

具，特殊转移支付面临的风险具有一定的特异性和传导性，需要强化财政民主监督。❶

3. 应急财政预算管理

在学理上，国家预算可以类型化为常态预算和应急预算两种，面对特别重大的突发事件，构建独立于常态预算的专门应急预算具有较强的现实意义。❷ 亨尼夫（Heniff）认为，当遇到紧急状况时，国会可以将立法中的某项规定指定为紧急要求，使相关活动的预算安排不受常态预算执行规则和程序的影响，并免除预算数额的限制和约束。❸ 陈征和周智博认为，中国应急预算管理面临着运行机制不畅、法制供给不足的现实问题，完善应急预算法制应当以预算规范化、预算实效化和预算层次化为基本原则。❹ 苗庆红认为，应急预算是公共危机状态下的公共收支资金安排，同时也是应急财政的核心内容，应急预算制度体系具体由应急预算决策制度、应急预算执行制度、应急预算绩效评价制度和应急预算监督制度组成。❺ 值得注意的是，在全面实施预算绩效管理的背景下，预算绩效评价在应对突发事件中的作用愈发受到学界重视。景宏军和吴婧源认为，财政应急资金监督管理应当与绩效管理密切结合，通过监督管理和绩效管理双重把控资金拨付流程，以全方位提高财政应急治理的效益。❻ 崔军和杨琪以绩效评价的"3E"原则为依据，针对应急财政支出的特点而专门设计了一系列新的绩效评价指标并合理确定指标权重，拓展了现有应急财政支出的绩效评价体系。❼

---

❶ 李蕊. 实施特殊转移支付重在聚焦精准［J］. 人民论坛，2020（25）：73 - 75.

❷ 邹新凯，熊伟. 应急预算的问题检视与统分结合型构造［J］. 现代经济探讨，2021（3）：50 59.

❸ HENIFF B. Emergency designation：current budget rules and procedures［C］. Library of Congress, Congressional Research Service，2011.

❹ 陈征，周智博. 应急预算法制的反思与展望：兼论《预算法》的完善［J］. 北京理工大学学报（社会科学版），2021（5）：133 - 140.

❺ 苗庆红. 应急预算制度构建研究［J］. 中央财经大学学报，2021（7）：3 - 12.

❻ 景宏军，吴婧源. 财政韧性：财政应急治理现代化的一种思路［J］. 财政科学，2021（8）：34 - 47.

❼ 崔军，杨琪. 应急财政支出绩效评价指标体系构建研究：基于模糊层次分析法的考察［J］. 财贸经济，2013（3）：21 - 31.

(三) 关于突发事件背景下的财税制度运行研究

1. 突发事件背景下地方财政的运行情况

地方财政的相关问题往往具有"牵一发而动全身"的特点，对于财政体制高度集中统一的国家而言更是如此。地方政府的财政能力与财政平衡是决定政府整体上能否有效提供公共产品和服务的主要因素。❶ 需要说明的是，一些重大突发事件由于持续时间较长，往往会对国家财政收支平衡构成较大挑战，尤其是在地方财政层面。在新冠疫情期间，地方财政就承载着较大压力，财政可持续性运行问题也引发了学界特别关注。张斌指出，由于财政收入占国内生产总值比重持续提高和土地出让收入持续攀升的局面已不复存在，新冠疫情期间地方财政的运行态势与 2003 年"非典"疫情时期截然不同，此次疫情带来的财政减收和应对疫情发生的财政支出与税费减免，无疑提高了地方政府支出结构调整和预算制度改革的紧迫性。❷ 张德勇和刘家志认为，新冠疫情冲击下地方财政可持续发展面临较大挑战，具体包括：经济下行压力加大与更大规模减税降费的叠加、央地财政关系失衡加剧、"土地财政"难以为继、中央对地方的转移支付功能弱化。❸ 也有学者着眼于新冠疫情后地方政府如何增加自身可支配财力的问题，提出地方政府应当充分发挥主观能动性来夯实自身财力基础，积极采取盘活各部门闲置资产、加强预算间统筹力度及预算结转结余管理、压缩一般性财政支出及三公经费支出等一系列措施。❹

在大多数国家，应急响应主要是地方责任，消防、警察和医疗等领域的地方官员往往是第一响应者，因此，赋予地方政府相应的应急权力至关重要。❺

---

❶ 杨川仪. 地方财政失衡的法律问题研究 [M]. 昆明：云南大学出版社，2022：24.

❷ 张斌. 新冠肺炎疫情对宏观经济政策、财税改革与全球化的影响 [J]. 国际税收，2020 (4)：3 - 6.

❸ 张德勇，刘家志. 新冠肺炎疫情冲击下地方财政可持续发展的挑战与对策 [J]. 财政监督，2020 (8)：5 - 11.

❹ 崔志坤，吴迪. 新冠肺炎疫情后增加地方政府可支配财力的思考 [J]. 财政科学，2020 (6)：51 - 57.

❺ DOWNEY D C, MYERS W M. Federalism, intergovernmental relationships, and emergency response: a comparison of Australia and the United States [J]. The American Review of Public Administration, 2020, 50 (6 - 7)：526 - 535.

域外方面，也有不少学者探讨新冠疫情下的地方财政问题。例如，阿伦斯
（Ahrens）和费里（Ferry）分析了新冠疫情后英国地方政府的财政韧性，认
为由于地方当局几乎没有时间规划和采取缓解措施，导致疫情的暴发严重削
弱了英国地方政府的财政韧性和适应能力，同时认为地方政府在应对疫情中
需要得到中央政府的大力支持。❶ 在美国，应急和救灾系统通常是自下而上
运行的，这意味着救灾工作是从地方一级开始的，同时州政府和联邦政府在
必要时提供资源和监督。❷ 麦克唐纳（McDonald）等认为，这种自下而上的
结构无疑是将地方政府置于应对紧急情况和自然灾害的中心，而疫情危机则
暴露出美国州政府和地方政府之间的紧张局势。❸ 本顿（Benton）等基于对
疫情发生后美国联邦政府发放给地方的新冠病毒救助资金的考察，指出因为
只有人口超过一定规模的城市才能直接从美国财政部获得这项资金，可能导
致财政资金分配严重不平等。❹ 还有学者认为，疫情对地方财政的冲击已经
严重威胁到城市的公共安全和紧急服务供给，而资源匮乏的小型地方政府一
般无法对大流行病、自然灾害等突发事件作出良好应对。在此情况下，更多
社会不公现象会逐渐显现，从而对政府的备灾、减灾、救灾能力造成不利
影响。❺

2. 突发事件背景下财税制度的回应性

应对突发事件，无疑需要财税制度的快速响应和灵活调整，如何评价现
有财税制度对突发事件的回应性？其中存在哪些"回应短板"？又如何补足？

---

❶　AHRENS T, FERRY L. Financial resilience of English local government in the aftermath of COVID –
19 [J]. Journal of Public Budgeting, Accounting & Financial Management, 2020, 32 (5): 813 – 823.

❷　RUBIN C B, BARBEE D G. Disaster recovery and hazard mitigation: bridging the intergovernmental
gap [J]. Public Administration Review, 1985 (45): 57 – 63.

❸　MCDONALD III B D, GOODMAN C B, HATCH M E. Tensions in state – local intergovernmental
response to emergencies: the case of COVID – 19 [J]. State and Local Government Review, 2020, 52
(3): 186 – 194.

❹　BENTON J E, RISSLER G E, WAGNER S. City and county governments in the time of COVID – 19
and the recession: the long and winding road [J]. State and Local Government Review, 2020, 52 (1):
28 – 52.

❺　DZIGBEDE K D, GEHL S B, WILLOUGHBY K. Disaster resiliency of U. S. local governments:
insights to strengthen local response and recovery from the COVID – 19 pandemic [J]. Public Administration
Review, 2020, 80 (4): 634 – 643.

这些问题值得关注。孙开针对应急财政资金展开研究，指出其中涉及两个关键问题：一是关于应急财政资金的保障机制及其长期有效运行问题，二是关于如何处理好应急财政资金制度化管理与"特事特办""急事急办"之间的关系问题。❶ 王彦平认为，我国财税政策应对突发事件还存在短板弱项，如财税政策"碎片化"现象突出、财政支出责任标准化程度不够、地方财政预备费提取不足等。❷ 张维平聚焦于财政应急风险预警管理运行问题，指出其中存在法律基础和责任基础薄弱的窘境，而预备费管理不善与房地产泡沫会加剧财政应急风险。❸ 为应对新冠疫情，韩国曾紧急制定两项补充预算政策并在短时间内就获得了国会批准。但这种快速的预算响应是有代价的，因为未经必要而充分的审议就草率决定预算安排，使得追加预算中的项目数量空前增多，而不必要的项目却没有得到适当剔除，导致资金使用效率低下，从而对财政稳健性产生长期影响。❹ 类似地，也有学者从预算法视角出发，认为我国预算法规定的预备费、先行支出、预算调整等应急措施可能因缺乏适应性而使预算安排变得僵化。❺

关于如何增强财税制度对突发事件问题的回应性，不少学者立足于国际视角提出了对策建议。杨默如就应对自然灾害的税收政策指出，我国应当考虑形成一个系统性的"灾难应急税收优惠包"，财税部门可以分级别使用不同的"税收优惠套餐"，同时还要定期评估和检验这些税收优惠政策的实施效果。❻ 詹清荣认为，应当着力解决受突发事件严重影响的地区的财政缺口问题，加大对受影响较大的企业和个人的税收优惠力度。❼ 在财政预算方面，

❶ 孙开. 应急财政资金的保障机制与制度化管理研究 [J]. 财贸经济, 2013 (3): 13 - 20.

❷ 王彦平. 突发公共事件视域下应急财政政策探究 [J]. 理论探讨, 2021 (2): 97 - 102.

❸ 张维平. 政府财政应急风险预警管理的主要问题与对策创新 [J]. 中国行政管理, 2015 (1): 126 - 132.

❹ KIM B H. Budgetary responses to COVID - 19: the case of South Korea [J]. Journal of Public Budgeting, Accounting & Financial Management, 2020, 32 (5): 939 - 947.

❺ 陈治. 突发事件背景下预算法应急机制的困境与出路 [J]. 法学论坛, 2022 (1): 87 - 96.

❻ 杨默如. 应对自然灾害的税收政策国际经验借鉴及启示 [J]. 财政研究, 2011 (12): 75 - 77.

❼ 詹清荣. 各国运用财税手段应对新冠肺炎疫情的主要做法及思考 [J]. 国际税收, 2020 (4): 7 - 12.

有学者通过实证研究探讨了突发事件背景下国家预算体系能够在多大程度上促进经济复苏的问题，强调预算问责制、透明度和可靠性是关键性因素。❶李楠楠围绕应急财政预算法治提出了实现应急财政监督法治化的具体路径，即强化人大的财政监督权、前移监督环节和重心、创新应急资金绩效评价方式。❷

二、研究述评与展望

通过上述文献回顾可知，由于西方国家较早开启工业革命和现代化进程，社会形态具有典型的风险社会特质，相应地，国外学界也较早关注财税制度如何更好地应对突发事件。相关研究涉及多个主题和视角，包括突发事件背景下的税收优惠政策、财政转移支付、财政资金分配、地方财政运行等内容，而且研究方法多样，包括规范研究、实证研究和案例分析。这些研究成果有利于为我国完善突发事件背景下的财税应对机制提供更多理论依据和实践参考，拓宽财政应急管理的思维边界和知识视野。但需要注意的是，考虑到国内外财政体制和应急管理体制的差异性，国外相关研究所得出的结论能否直接适用于我国应急财政领域，尚需灵活把握和理性甄别。鉴于此，未来的研究一方面需要立足于国际视野，另一方面需要立足于本土实际，在已有域外"共性"经验的基础上探寻财税制度应对突发事件的中国"个性"方案。

与国外研究相比，我国关于财税制度应对突发事件的学术探索起步较晚。从 2003 年"非典"疫情开始，国内学者才逐渐关注财税制度在应对突发事件中的重要作用。此后，伴随着一些重大突发事件的发生，更多学者开始围绕特定的突发事件探讨相应的财税应对机制，如 2008 年汶川大地震后，不少

---

❶ DZIGBEDE K D, PATHAK R, MUZATA S. Budget systems and post‐pandemic economic resilience in developing countries [J]. Journal of Public Budgeting, Accounting & Financial Management, 2023, 35 (3): 333 –353.

❷ 李楠楠. 突发事件下财政应急机制纾困路径的法治研究 [J]. 江西财经大学学报, 2021 (2): 116 –129.

学者就集中探讨了财政横向转移支付的问题。2019 年底新冠疫情发生后，国内更是涌现出了一大批学术成果，关于财税制度应对突发事件的研究开始更具系统性和层次性。与此同时，一些学者开始将研究视角转向更具体的议题或更为细分的领域，如关注突发事件背景下的财政支出绩效评价和监督机制、特殊转移支付机制等。

如前文所述，不难发现国内学界对应急财政的研究明显呈现出"事件驱动"的特征，即主要在"非典"疫情、汶川地震、新冠疫情等重大突发事件之后，才出现短暂而集中的研究热潮。但是，这种"应激式"的研究模式可能导致对某些关键问题的探讨停留在表面，缺乏持续性和追踪性，容易使研究成果的积累和应用受到一定限制，难以形成对应急财政长效化、制度化建设的有力支撑。而且，现有研究大多侧重于从经济学、管理学的视角展开，而关于应急财政的规范建构、权（力）利和义务配置、法律责任追究等法学维度的研究则相对薄弱。尽管近年来随着国家对应急法治的重视程度不断提升，更多学者在研究中强调在法治框架下探索应急财政的制度路径，重视应急财政与法治建设的有机结合，但相关研究更多是初步性、探索性的，尚未形成以法治为核心的现代应急财政理论体系。有鉴于此，需要在进一步的研究中广泛引入法学研究范式，同时还需要注重其他学科知识（如社会学）的交叉运用，以形成更加全面、系统的应急财政研究框架，契合跨学科研究趋势。

此外，应当看到的是，现有研究并未充分考量不同类型的突发事件下财税应对机制的差异性，也缺乏对突发事件预防、准备、响应与恢复的全周期财税支持政策的整合性研究。下一步，需要特别关注财税制度应对不同突发事件的功能差异和实践成效，同时探索建立一套既能够迅速应对危机，又能增强经济恢复力与社会韧性的全过程长效财税机制。不仅如此，鉴于当前数字化社会的时代背景，还需要注重探讨大数据与人工智能技术在应急财税政策执行中的应用，以提高政策实施的响应速度与精准度，实现对不同行业、不同规模市场主体和不同社会群体的精细化支持。

第三节　本书的研究脉络与价值

一、研究脉络

传统财政学理论认为，财政具体涉及"收""支""管"等基本要素。❶"收"即财政收入，是财政资金的来源；"支"即财政支出，是财政资金的运用；"管"即财政管理，是对财政收支活动的调节、监督和控制。本书也主要是基于公共财政的"收""支""管"三大要素来构建财税制度应对突发事件的基本框架，探讨非常状态下的财税制度安排，形成了一个从概念到原则、从理论到实践、从国际到国内、从问题识别到对策建议的完整研究脉络。

第一章为导论。首先交代研究的宏观背景和问题由来，指出在当前风险社会的理论和现实背景下，突发事件频发对财税制度的应急效能提出了新的要求和挑战。接着通过梳理相关研究，总结、提炼财税领域以及其他相关领域研究的基本观点和结论，明确现有研究的基本趋势、特点，以及亟待突破之处。第二章至第三章为理论演绎部分。首先从廓清核心的概念范畴入手，分析财税制度在应对突发事件中的独特定位和优势，并在理论层面构建应急财政的基本制度框架。接着，从学理上对财税制度何以应对突发事件这一关键命题进行深入阐释，并尝试调适传统财税理念和原则以更好适应现代突发事件应对的需求，从而为后续章节的讨论奠定理论基础。第四章通过考察美国、日本、欧盟等国家和地区的应急管理和减灾救灾实践，总结、提取财税制度应对突发事件的有益经验，为我国应急财政建设提供更多现实镜鉴。第五章至第七章在内容上呈现平行关系，分别从"收""支""管"三个维度具体探讨我国应对突发事件的财政制度实践与完善路径。其中：第五章聚焦于突发事件背景下的财政收入制度，着重分析了非常时期税收收入、非税收

---

❶　李社宁. 财政学［M］. 2 版. 西安：西北大学出版社，2017：3.

入和政府债券发行收入的制度局限性与革新调整；第六章围绕突发事件背景下的财政支出制度进行论述，主要从财政资金直达机制、财政预备费和政府消费券三个方面展开；第七章针对应急财政管理制度展开研究，主要关注应急财政管理法治保障、应急财政预算管理的回应性、应急财政事权与支出责任划分三大细分领域。

二、研究价值

（一）理论价值

第一，拓展突发事件应对中的财税政策功能，使对财税政策功能的认识由过去的相对侧重经济方面转为经济、政治、社会等多方面的联动并重。当前，突发事件已经呈现出常态化发展趋势，并出现了若干新特点，这也要求财税政策在功能布局上必须迈向多元化。本书尝试提升新时代财税政策在应对突发事件中的基本定位，使财税政策功能突破传统经济意义上的功能而呈现出多元样态。

第二，强化应急财政范式建构的学理支撑，为财税制度应对突发事件提供更多理论资源。从日常状态切换至应急状态，财税制度的运行必然面临更多不确定性，构建与应对突发事件相匹配的财政支持和保障体系，需要在理论上具备充足的解释力。本书综合运用了政治学、经济学、管理学、法学等多学科知识对应急财政进行多维度、全方位的分析和解读，以期丰富和充实财税理论体系。

第三，建立公共安全保障与财税制度供给的逻辑关联，明确突发事件冲击下公共安全保障的财税机理。应对突发事件是公共安全保障系统工程的有机组成部分，随着风险时代的到来，国家高度重视公民利益和公共安全的保障问题。公共秩序维护和公共安全保障需要良好的财税制度作为支撑，本书尝试从财税角度对党中央提出的"提高公共安全治理水平"作出学理回应。

（二）应用价值

第一，促进应急实践中财税治理效能的提升。现代财政是国家治理的基础和重要支柱，同时也是合理配置应急资源、妥善应对紧急风险的重要支撑。防范化解各种重大风险无疑考验着财税制度的有效执行和治理效能，书中深入分析了应急过程中财税治理的实际成效与效能提升路径，有利于落实财政在国家治理的基础性和支柱性地位。

第二，为应对突发事件提供具有一定可操作性的财税制度设计方案。我国是自然灾害多发频发的国家，随着城镇化、工业化步伐加快，各类事故隐患和安全风险也交织叠加、易发多发。本书对财税手段应对突发事件的政策体系、制度规则和体制机制进行了比较系统和全面的研究，为风险社会中的危机挑战提供具体可行的财税应对方案，符合我国应急管理的现实需要。

第三，结合已有域外实践探寻因应中国风险社会现实的财税制度策略。现代风险和全球化趋势有着密不可分的联系，应对风险挑战已经成为一项全球性的课题，尤其是当某些风险因素外溢而形成世界性风险时，更需要世界各国通力协作应对，加强应急财税制度建设的交流与对话。本书通过梳理分析域外突发事件应对尤其是处置环节的财税支持和纾困措施，以充分吸收和借鉴域外相关经验，为我国应急财税制度改革寻求更多现实支撑。

第二章

财税制度何以应对突发事件：
概念、定位与框架

　　风险是突发事件的潜在状态，它代表了一种新的观察世界及其混乱表现、偶然性和不确定性的方式。[1] 现代意义上的风险在本质、表现形式和影响范围上与传统风险相比已经有了很大不同，其更多涉及"人为因素"和"制度因素"，表现形式也多种多样，如环境和自然风险、经济风险、社会风险、政治风险等，几乎影响到人类社会生活的方方面面。各类风险和突发事件的应对需要政府充分发挥防控应急作用，要求政府在应急响应过程中具有风险沟通者、应急主导者、资源协调者、创新促进者的角色定位，[2] 而这背后都离不开公共财政的系统支持。构建应对突发事件的财税制度体系是一个复杂的系统工程，首先需要从基本概念和原理出发，立足于突发事件发展演进的现实境况和趋势特征，从应急响应维度认识和把握财税制度的功能定位和框架结构。

　　[1] 狄波拉·勒普顿. 风险［M］. 雷云飞，译. 南京：南京大学出版社，2016：5.

　　[2] 祝哲，彭宗超. 突发公共卫生事件中的政府角色厘定：挑战和对策［J］. 东南学术，2020（2）：11–17.

第一节　突发事件核心范畴的廓清

一、突发事件的初步界定

世界百年未有之大变局在加速演进，这一新的动荡变革期预示着人类社会陷入"危险"和"灾难"的可能性在增大。事实上，无论是在国内还是国际社会中，"突发事件"一词已经频繁出现在媒体新闻报道、政府工作报告和学术研究之中。更进一步看，"突发事件"其实是一个多层次的词汇，其含义可以从不同角度进行解读。厘清突发事件的基本内涵有利于对其性质、类型形成基本认知，从而更好地理解应急准备和应急管理的重要性。

（一）主要观点梳理

1. 词源角度

"事件"一词通常概指历史上或现实生活中发生的不平常的事情或者大事，"突发"一词是"事件"的修饰词。从字面意思看，"突发"表示"突然发生"，即突如其来的、意料之外的某种状况，代表着一种偶然性与暴发性，说明了"事件"所具有的不可预见性与随机性。广义的突发事件泛指一切突然发生的危害人民生命财产安全、直接给社会造成严重后果影响的事件。我国有不少学者按照这一思路并结合危机事件、紧急情况等相关概念对突发事件进行综合性定义。例如，李明强和岳晓认为，突发事件是一个与危机、紧急事件很相似的概念范畴，在国内通常指一定范围内突然发生，危及公众生命财产、社会秩序和公共安全，乃至影响到国家利益和全球稳定，需要政府立即采取应对措施加以处理的公共事件。❶ 类似地，张永理和李程伟从公共危机管理的角度指出，突发事件往往反映了组织或系统处于一种危急状态，

---

❶ 李明强，岳晓. 透视混沌理论看突发事件预警机制的建设 [J]. 湖北社会科学，2006（1）：45－47.

而突发事件的应对过程就是应急管理的过程，其本质是公共危机管理。❶ 值得注意的是，一些学者并不严格区分"突发事件"与"突发公共事件"，或者是将突发事件看作突发公共事件的简称，而本书也无意探讨两者之间的具体区别，以避免卷入概念界定纷争。薛澜和钟开斌认为，突发公共事件通常指突然出现且对整个国家或特定地区的法律制度、社会稳定、公共秩序以及公民生命财产安全构成重大威胁或损害的事件，而由战争、全国动员、国土安全等引发的紧急状态则可以被视为最为严重的突发公共事件。❷

2. 管理角度

从上述词源角度的界定来看，突发事件具有事发突然和社会危害性，且往往波及范围较大。也正因如此，学界在谈及突发事件的概念问题时，通常会涉及对突发事件的解决处理，强调紧急应对与公权力介入。在美国，突发事件常被称为"紧急事件"，主要指需要联邦政府介入并提供额外援助以协助州和地方政府挽救公民生命、确保公共安全、减轻灾难威胁的重大事件。祁明亮等将突发公共事件定义为危及人民生命财产、社会安全稳定的突发事件，主张通过强化应急管理制度来进行干预和应对。❸ 姚国章认为，突发公共事件是指公共管理领域遭遇的一种非正常状态，可能对人身、财产或环境造成损害，需要政府部门迅速作出应急决策。❹ 朱力认为，作为我国一种约定俗成的名词，突发事件是以迅雷不及掩耳之势暴发的对社会具有危害性且需要立即处理的破坏性事件。❺ 丁文喜基于政府危机管理的视角指出，要想精确定义突发事件这一概念，必须在其中加入紧急处理活动。同时强调，突发事件的政府应急管理已经由临时处置上升到日常管理层面，而且应急管理不仅仅是指突发事件发生后的紧急处置，更在于"预防"与"善后"，以遏

---

❶ 张永理，李程伟. 公共危机管理 [M]. 武汉：武汉大学出版社，2010：13.

❷ 薛澜，钟开斌. 突发公共事件分类、分级与分期：应急体制的管理基础 [J]. 中国行政管理，2005（2）：102－107.

❸ 祁明亮，池宏，赵红，等. 突发公共事件应急管理研究现状与展望 [J]. 管理评论，2006（4）：35－45.

❹ 姚国章. 典型国家突发公共事件应急管理体系及其借鉴 [J]. 南京审计学院学报，2006（2）：5－10.

❺ 朱力. 突发事件的概念、要素与类型 [J]. 南京社会科学，2007（11）：81－88.

制事态的恶化和蔓延。❶

3. 规范角度

从学理角度来看，突发事件可以分为私人领域突发事件和公共领域突发事件。能够对国家和社会公共利益造成重大影响，需要国家等公共主体强力干预，需要运用应急法制来规范和调整的突发事件则是公共领域突发事件。每一次突发事件的发生，实际上都在检视着一个国家的应急体系建设和应急法治水平，面对突发事件，依法应对最可靠、最稳妥。❷ 因此，有必要从规范角度进一步考察"突发事件"的具体含义。代海军指出，重大突发事件对国家安全构成严重威胁，提升重大突发事件治理能力，客观上催生了治理模式的法治化转型。❸ 我国关于突发事件应对的法律规范体系主要由《突发事件应对法》《突发公共卫生事件应急条例》《突发事件应急预案管理办法》《国家突发公共事件总体应急预案》以及各地方规范性文件组成。2006 年，国务院发布了《国家突发公共事件总体应急预案》，这是全国应急预案体系的总纲，是指导预防和处置各类突发（公共）事件的规范性文件。该文件明确了突发（公共）事件的具体内涵，即突然发生，造成或者可能造成重大人员伤亡、财产损失、生态环境破坏和严重社会危害，危及公共安全的紧急事件。2007 年，全国人大常委会审议通过《突发事件应对法》，这是我国应急管理领域的基本法，用以调整非常状态下国家权力和公民权利的基本关系。在《突发事件应对法》中，突发事件被定义为："突然发生，造成或者可能造成严重社会危害，需要采取应急处置措施予以应对的自然灾害、事故灾难、公共卫生事件和社会安全事件。"

（二）突发事件的性质

第一，突发性。突发事件通常在短时间内快速发生，一般只给个人或组织留下极为有限的反应时间。突发事件的突发性要求政府必须在短期内作出

---

❶ 丁文喜. 突发事件应对与公共危机管理［M］. 北京：光明日报出版社，2009：41.

❷ 林珊珊. 运用法治思维和法治方式应对突发事件［N］. 学习时报，2024 – 07 – 12（A01）.

❸ 代海军. 新时代应急管理法治化的生成逻辑、内涵要义与实践展开［J］. 中共中央党校（国家行政学院）学报，2023（4）：139 – 149.

应急决策，以争取黄金救援时间。举例而言，自然灾害中的地震、洪水，以及人为事故中的恐怖袭击一旦发生，就要求政府和救援机构必须在极短时间内作出反应，迅速启动应急预案，以最大限度减少损失。第二，不确定性。突发事件是否会发生，以及发生的时间、地点、方式和程度往往难以准确把握。或者说，突发事件在开始发生时往往难以通过一般性规则进行判断，并且其发展是动态甚至是无规律的，其规模、影响范围和性质可能随时间推移而迅速变化。在紧急情况下，决策者面临的是高度不确定的形势和环境，传统的决策流程可能无法直接适用。第三，公共危害性。突发事件所产生的不利后果不仅会威胁到个人切身利益，更会波及整个社会，远超个人或局部范围，可能会对人类生命、健康、自由、经济、环境等多方面造成巨大破坏，对整个社会的结构、功能乃至文化都会产生极大冲击。第四，持续性。虽然突发事件是短时间内迅速产生的，但可能带来长期性的影响，甚至改变人们的生活习惯和方式。一些突发事件还具有衍生性，会导致其他类型突发事件的发生。以1986年切尔诺贝利核电站事故为例，其不仅直接导致人员伤亡和环境破坏，还对周边地区造成长达数十年的放射性污染，严重影响了土地使用、农业发展和居民健康，甚至一度改变人们对核能利用的看法和政策制定。

（三）突发事件的类型化提炼

不同的突发事件因其独特的性质，对社会构成的紧急情况与造成的危害存在显著差异，进而对国家采取的应急策略提出各异需求。例如：在应对自然灾害时，国家的应急响应侧重于救援和支持措施，强调救助受困群众并保护基础设施免受进一步损害；在处理社会冲突时，则需将国家的管控措施置于核心位置，以迅速控制局势，恢复社会生活秩序。从理论上讲，对国家应急管理体制机制的构建和各部门应急权限的配置，也应当基于不同的突发事件"对症下药"，以确保应急措施的准确性和效率性。因此，对突发事件进行类型化提炼不可或缺。

1. 突发事件的分类

根据《突发事件应对法》对"突发事件"的权威定义，可以将其归结为四大类：自然灾害、事故灾难、公共卫生事件和社会安全事件。进一步地，

《国家突发公共事件总体应急预案》根据突发（公共）事件的发生过程、性质和机理，详细解释和列举了突发（公共）事件，如表 2 - 1 所示。这里还需要指出的是，《突发事件应对法》对突发事件的定义由时间要件、危害要件与程度要件构成，但由于要件的具体规定不尽合理或具有模糊性，可能无法准确描述突发事件的具体样态和特征，从而导致适用的困难。客观而言，《突发事件应对法》或其他相关规范也不可能罗列出所有突发事件的种类和情况，而以"风险"作为突发事件概念界定的核心要素，是一种可取的完善之策。❶

表 2 - 1　突发事件的基本类型——基于发生过程、性质和机理

类型	突发事件示例
自然灾害	水旱灾害、气象灾害、地震灾害、地质灾害、海洋灾害、生物灾害和森林草原火灾等
事故灾难	工矿商贸等企业的各类安全事故、交通运输事故、公共设施和设备事故、环境污染和生态破坏事件等
公共卫生事件	传染病疫情、群体性不明原因疾病、食品安全和职业危害、动物疫情以及其他严重影响公众健康和生命安全的事件
社会安全事件	恐怖袭击事件、经济安全事件和涉外突发事件等

资料来源：国务院．国家突发公共事件总体应急预案［EB/OL］．（2006 - 01 - 08）［2023 - 11 - 21］．https：//www. gov. cn/zhuanti/2006 - 01/08/content_2614770. htm.

传统社会是一个相对封闭的系统，各种风险虽涉及自然、社会伦理、政治等多个领域，但多以自然风险为主。由于现代社会联系的广泛性和变化的急剧性之特点，基于复杂的城市形态、经济结构、传导机制等因素，若在突发事件发生后没有及时采取有效措施应对，可能会使原本单一性质的突发事件演变为群发性事件或次生性事件。因此，不同类别的突发事件并非截然对立或者泾渭分明，而是呈现出相互交叉且在特定情况下可以相互转化的特征。

---

❶ 牧宇．紧急状态下的法治界限：以风险为内容的紧急规范重构［J］．《上海法学研究》集刊（东南大学文集），2020（19）：220 - 229.

更应当看到的是，现代社会非传统领域的公共安全风险在逐渐加大，各种"黑天鹅""灰犀牛"事件随时可能发生。从突发事件发生的领域出发，又可以将突发事件划分为五大类：政治性突发事件、经济性突发事件、社会性突发事件、生产性突发事件、自然性突发事件，如表 2-2 所示。

表 2-2 突发事件的基本类型——基于发生领域

类型	突发事件示例
政治性突发事件	涉及一个国家政体、国体以及政府合法性的突发事件，包括战争、重大国际事务的冲突、革命、政变、恐怖主义活动、国内外敌对势力的破坏活动等
经济性突发事件	经济方面突然发生的比较大的波动，包括恶性通货膨胀或紧缩、国际汇率的巨幅变动、股票市场的大幅震荡、利率的大幅度变化等
社会性突发事件	对社会造成比较大伤害的突发事件，包括罢工、罢课、集会、游行、示威、暴乱、哄抢等严重的社会骚乱和群体性事件、重大公共卫生危机以及劫机等重大公共事故
生产性突发事件	由于技术、防护性措施不足、质量管理不善以及其他偶然性因素造成的突发事件，包括煤矿瓦斯爆炸、透水、垮塌等工矿企业发生的事故；空难、轮船沉没、火车颠覆、严重的公路交通事故等交通安全事故；火灾、危险化学品事故等
自然性突发事件	因自然因素引发的对人们生命财产安全产生较大威胁的突然性灾害，即天灾，如强台风、风暴潮、大地震、海啸、山体滑坡、森林大火、旱灾、蝗灾、水灾、江河水库堤坝决口等

资料来源：郭研实. 国家公务员应对突发事件能力 [M]. 北京：中国社会科学出版社，2005：4.

2. 突发事件的分级及预警

将突发事件划分为不同的级别并建立起相应的预测预警机制，是采取准确且高效的应急措施之基础，也有利于从纵向上确定相关层级政府的主体责任。❶按照突发事件的性质、严重程度、可控性和影响范围等因素，突发事件一般

---

❶ 王宏伟. 应急管理导论 [M]. 北京：中国人民大学出版社，2011：13.

分为四级：特别重大的是Ⅰ级，重大的是Ⅱ级，较大的是Ⅲ级，一般的是Ⅳ级。突发事件的预警级别根据其可能造成的危害程度、紧急程度和发展态势一般分为四级：特别严重的是Ⅰ级，严重的是Ⅱ级，较重的是Ⅲ级，一般的是Ⅳ级。预警标识依次用红色、橙色、黄色和蓝色表示。

突发事件的分级是在基本分类的基础上根据影响范围、伤亡人数、经济损失金额等进行的再分类。其中，对特别重大和重大突发公共事件的分级，《特别重大、重大突发公共事件分级标准》❶中有明确规定。以自然灾害中的水旱灾害为例，重大水旱灾害包括"一个流域或其部分区域发生大洪水"，而"一个流域发生特大洪水，或多个流域同时发生大洪水"则属于特别重大水旱灾害。在事故灾难方面，重大安全事故包括"造成10人以上、30人以下死亡（含失踪），或危及10人以上、30人以下生命安全，或直接经济损失5000万元以上、1亿元以下的事故，或50人以上、100人以下中毒（重伤），或需紧急转移安置5万人以上、10万人以下的事故"。在此基础上，特别重大安全事故的界定标准是"造成30人以上死亡（含失踪），或危及30人以上生命安全，或1亿元以上直接经济损失，或100人以上中毒（重伤），或需要紧急转移安置10万人以上的安全事故"。

3. 突发事件的分期

突发事件的发生总会持续一个过程，其一般具有完整的生命周期，大致要经历潜伏期、暴发期、扩散期和消退期四个阶段，分别发生在突发事件的事前、事发、事中和事后。潜伏期通常是一个较长的时期，此时突发事件处于质变前的量变积累阶段，一旦这种积累达到一定程度，突发事件就会进入临界状态，随时可能暴发；暴发期是突发事件发生质变后的一个能量宣泄和释放的过程，由此前期潜伏期逐步积累起来的能量会通过一定形式快速向外倾泻，可能产生巨大的破坏力；扩散期是突发事件暴发之后的阶段，在此期间，突发事件所引发的危害性后果会持续显现，可能会对其他领域产生连带

---

❶　特别重大、重大突发公共事件分级标准（试行）[EB/OL]. [2024-06-21]. https://public. xingyang. gov. cn/D20X/825338. jhtml.

影响，波及社会的各个方面，从而造成不同程度的危机；消退期是指突发事件造成的影响逐渐减弱并最终趋于平息的阶段，有必要指出，虽然这一阶段突发事件的直接危害已经逐渐消散，但仍可能留下长远的影响或隐患。

（四）突发事件的应急管理

在分类、分级、分期的基础上，最终要落实到对突发事件的应急管理。应急管理，是指对突发事件的预防与应急准备、监测与预警、应急处置与救援、事后恢复与重建等的应对活动。❶ 传统应急管理对突发事件更多秉持的是一种问题针对型的刚性应对模式，受制于技术、成本、决策者注意力等影响，应急管理往往具有明显的滞后性特征。❷ 随着经济社会快速发展下各种风险和不确定性因素大量涌现与交织，"头痛医头、脚痛医脚"的被动式应急管理模式难以为继。因此，现阶段的应急管理不仅仅意味着要对灾害或灾难进行事中处置，也要对其进行有效的事前预防，同时保障事后恢复重建，以实现高效的风险应对与治理。❸

应急管理作为一项内涵丰富且高度复杂的系统工程，仰赖于一套科学严谨、协调高效的操作体系，其本质上也是一系列制度规则与支撑条件的集合，旨在确保应急管理工作的高效性与实效性，在构成要素上囊括了组织结构、运行机制、法制基础和资源保障等。其中，组织结构是这一复杂体系的骨架，涉及应急管理部门的设置、职能分工、应急指挥中枢与救援力量的组织分配，确保了应急管理的实体支撑。运作机制则如同体系的血脉，通过清晰界定指挥流程、协调机制与责任归属，保障了应急响应中的快速联动与有序协作。法制基础构成了体系的规则框架，由一系列与应急管理工作紧密相关的法律法规组成，为应急管理的合法性和规范性提供了坚实依托。至于资源保障系统，则像供养整个机体的营养源泉，涵盖了信息通信的畅通无阻、物资装备的充分储备、人力资源的合理配置以及财务资金的稳健支持，为应急管理的

---

❶ 陈月．应急管理概论［M］．北京：中国法制出版社，2017：11.

❷ 易承志．从刚性应对到弹性治理：韧性视角下城市应急管理的转型分析［J］．南京社会科学，2023（5）：63-71.

❸ 王宏伟．应急管理新论［M］．北京：中国人民大学出版社，2021：12.

每一个环节提供了坚实的后勤保障。

应急与安全是一对紧密相关的概念，应急的目的是安全，保障安全需要不断完善应急管理体系。❶ 党的二十大报告提出，"统筹维护和塑造国家安全""提高公共安全治理水平""推动公共安全治理模式向事前预防转型"。这些论述明确了国家安全工作维护和塑造并举的努力方向，提出了提高公共安全治理水平的战略要求，部署了推动公共安全治理模式由以事后处置为主向以事前预防为主转型的战略任务。习近平总书记指出："应急管理是国家治理体系和治理能力的重要组成部分，承担防范化解重大安全风险、及时应对处置各类灾害事故的重要职责，担负保护人民群众生命财产安全和维护社会稳定的重要使命。"❷ 新时代下人民群众对公共安全的需求日益增长，如果不能有效防范化解重大安全风险，不能及时妥当地应对各类重大突发事件，很可能引发社会安全乃至国家安全问题。党的二十大报告将应急管理体系纳入国家安全体系，提出"提高公共安全治理水平"的战略任务意义十分重大。公共安全属于与民生密不可分的社会领域安全，是公众及其生存的物理环境、信息环境与心理环境的安全，是公众的身心健康与合理权益不受威胁，没有危险、危害或损失的状态。公共安全治理涉及防灾减灾救灾、安全生产、生态环境安全、公共卫生和食品药品安全、社会安全、网络信息安全等领域的安全风险治理，而突发事件应急管理属于公共安全治理的有机组成部分。❸

由于突发事件所具有的破坏性、社会性、突发性和紧急性等特性，留给决策者和响应者的时间窗口极短，要求快速准确地作出判断和反应。这就要求政府要用科学的方法对其加以干预和控制，使其造成的损失最小。作为应对突发事件的重要机制，应急管理体系不仅是现代政府管理架构的关键组件，更是衡量政府应对紧急情况能力与管理水平的一面镜子，凸显了政府在危机面前的应对智慧与执行力。

❶ 朱正威，赵雅．新安全格局下的应急管理体系：方向、意涵与路径［J］．学海，2024（2）：130－145．

❷ 王祥喜．坚定走好新时代中国特色应急管理之路［N］．人民日报，2024－03－14（9）．

❸ 李雪峰．提高公共安全治理水平的战略意涵与实现路径［J］．中国应急管理科学，2022（11）：13－26．

二、突发事件的现代演化

历史地看，风险与人类社会是始终共存的。只是近代以来，随着人类成为风险的主要生产者，风险的结构和特征才发生了根本性变化，预示着人类已经进入现代意义上的"风险社会"或称"全球风险社会"。从现实情况看，现代社会出现了一系列新型的风险和突发事件，它们迥异于传统社会的风险隐患，也对传统的风险治理机制和应急管理机制提出了新的挑战。❶

（一）"风险社会"下突发事件的新面向

当前，全球已经迈入一个高风险社会，在经济全球化、社会复杂化和自然环境不断恶化的时代背景下，突发性的公共事件已由非常态化的偶发转变为常态化的频发，成为社会管理中不可回避的重大挑战。不仅如此，随着现代社会逐渐走向网络化、数据化和智能化，以网络安全事件为代表的各种新型安全威胁和风险正不断增加。事实上，早在 20 世纪 80 年代，德国社会学家乌尔里希·贝克（Ulrich Beck）就连续发表了一系列关于风险社会的理论著作，其中蕴含的原理思想和思维方法成为研究现代风险问题的主导性理论范式。贝克将风险定义为以系统的方式应对由现代化引发的危险和不安，是现代化的威胁力量和令人怀疑的全球化所引发的后果。❷ 2024 年，世界经济论坛发布《2024 年全球风险报告》对全球风险形势发出警告：在全球权力态势、气候、技术和人口发生系统性变化的背景下，国家和个人易受新型风险和复发风险的影响，未来几年内，极端天气、地球系统关键变化、生物多样性丧失和生态系统崩溃、自然资源短缺、错误和虚假信息、人工智能技术的不良后果将是世界面临的前六大风险。❸ 可以说，风险社会已经成为国家治理亟须面对的新常态，现代社会风险也主要是通过各类突发事件表现出来的。

❶ 赵延东. 风险社会与风险治理 [J]. 中国科技论坛，2004（4）：121-125.

❷ 乌尔里希·贝克. 风险社会：新的现代性之路 [M]. 张文杰，何博闻，译. 南京：译林出版社，2022：16.

❸ World Economic Forum. The Global Risks Report 2024：19th edition [R/OL]. （2024-01-10）[2024-06-21]. https：//www3. weforum. org/docs/WEF_The_Global_Risks_Report_2024. pdf.

在风险社会的理论和现实背景下，突发事件也展现出了新的样态特征。

第一，高度的不确定性。新型突发事件通常伴随着高度的不可预见性和动态性，其发生、发展过程及最终影响难以准确预测。● 不同于战争敌对双方矛盾有一个明显的累积过程。绝大部分突发事件没有预警时间，事件一旦发生，直接危及社会正常秩序，可能导致局部地区，甚至整个国家处于混乱状态。这也源于事件本身的复杂性，以及全球化、信息化背景下的快速传播机制。由于缺乏历史经验参照，加之病毒变异、网络攻击手段更新等快速变化，使得风险识别滞后，防控措施难以精准到位，从而加剧了社会的恐慌情绪和不信任感，这种情绪的蔓延反过来又影响到人们的合作意愿和防范、应对措施的执行效率。

第二，跨界性与全球连通性。随着全球化的深入，无论是自然界的灾害还是人为的危机，都可能跨越地域界限，加之现代通信与网络技术快速迭代，一地发生的突发事件另一地很快就能作出反应，从而迅速扩散至全球范围。例如，通过国际贸易、人员流动等途径，传染病可以迅速蔓延至世界各个角落，显示出强烈的跨界性和全球性特征，要求国际合作与协调。同时，随着互联网的不断发展，信息环境更加复杂，信息传播的速度与广度达到了前所未有的水平，但同时也伴随着信息过载、假信息、误导性内容等问题。这不仅考验着信息的真实性和时效性，还直接影响公众对事件的认知、态度及行为反应，增加了风险沟通和管理的复杂性。

第三，社会心理与文化的敏感性。新型突发性的公共事件往往触及社会心理的脆弱点，引发广泛的情绪反应和社会动荡。文化差异、信仰冲突等社会心理因素，影响着公众对风险的认知与应对策略，加剧了事件的复杂性和应对难度。其中，无论是新兴传染病的暴发、高科技安全事故，还是网络信息安全事件，都因为其新颖性、不确定性以及快速传播的特性，容易在公众心中播下不安与恐慌的种子。特别是随着社交媒体的普及，信息的高速传播

● 张海波. 中国第四代应急管理体系：逻辑与框架［J］. 中国行政管理，2022（4）：112 - 122.

与放大效应，使得个体的情绪反应迅速汇聚成集体情感洪流，进一步加剧了社会心理的脆弱性。

第四，系统性风险与连锁反应。现代社会的高度相互依存性意味着某一领域的突发事件极易引发其他领域的问题，形成连锁反应。同时，由于突发事件往往发展迅猛，事件一旦发生常以指数级增长，事态快速发展，使得单一突发事件极可能发展为复合事件，局部突发事件导致全局性突发事件。其中，经济领域的连锁反应尤为显著。疫情等公共卫生事件迫使企业停工停产，供应链中断，消费需求萎缩，金融市场波动，引发全球经济衰退的风险。而经济活动的放缓，进一步加剧就业压力，影响民众生活，降低社会整体的抵御能力，形成恶性循环。同时，在当前全球化不断加深的背景下，新型公共事件的跨境传播和影响凸显国际合作的紧迫性与复杂性。各国政策不一、资源分配不均、信息共享不畅等问题，不仅阻碍了全球协同应对突发事件的努力，也可能引发国际关系的紧张，进而影响全球治理格局。

第五，治理综合性。现代社会所暴发的突发事件往往诱因多样，背景复杂，常常越是敏感地区、敏感时段越容易发生，越是矛盾聚集的地方越容易出现，越是防范疏漏的环节越容易产生，这也决定了治理突发事件手段的综合性与系统性。2018年，党和国家机构改革后，我国正式成立了专门的综合应急管理部门——应急管理部，以解决应急救援工作上的集中统筹、资源整合等问题，形成救援合力，减少各类灾害事故的损失。这有利于我国在应对突发事件时，快速建立起统一的、综合性的应急管理体制，形成有效的工作机制并有效整合应急资源。

（二）现代突发事件的多重影响

现代突发事件因其多样性和复杂性，对社会各个层面产生了深远且多维度的影响。这些影响不仅局限于直接的物理损害或人员伤亡，而且波及经济、政治、社会、环境等多个层面，形成了一个多层次、交织复杂的效应网络。

1. 经济影响：短期冲击与长期结构调整

从短期看，全球化背景下，突发事件如疫情、自然灾害能迅速影响全球供应链，导致原材料短缺、生产停滞和物流阻塞，对全球经济活动产生连锁反应。具体而言，对经济生产活动的冲击极易经由产业链、供应链以及资金链传导至资本市场，致使金融市场大幅震荡。例如，日经 N225 指数在 2011年日本"3·11"地震后的两个交易日中连续下跌 6.18% 与 10.55%。❶ 随着新冠疫情席卷全球，全球资本市场剧烈震荡，我国上证综合指数在 2020 年2 月 3 日（春节后的首个交易日）达到了 7.72% 的巨大跌幅，A 股市场更有超过 3000 多只股票跌停，而且全球各国股指自 3 月起纷纷暴跌。❷ 加拿大、巴西、韩国、菲律宾等多个国家的股市触发"熔断"，其中美国股市更是史无前例地在短期内出现了四次"熔断"。从长期来看，市场需求也会因此发生变化，突发事件会导致消费者信心下降，消费模式改变，某些行业（如旅游、餐饮）急剧萎缩，而另一些（如远程办公、电子商务）则快速增长，市场结构发生深刻调整。为了应对突发事件带来的各种负面影响，政府势必需要投入大量资金于应急响应、社会救助和经济刺激计划，导致财政压力加大，长期可能加剧公共债务风险，影响国家财政健康和未来政策空间。

2. 政治影响：政府信任与国际关系的重塑

突发事件如大规模传染病暴发、自然灾害、恐怖袭击等，不仅在短时间内对国内社会秩序造成巨大冲击，还深刻影响着政府的公信力以及国际关系的格局。从微观上来看，政府在面对这类紧急情况时的应对措施、决策速度和透明度，直接关系到民众的安全感和满意度。如果政府能够迅速启动应急预案，采取科学合理的防控措施，并通过各种渠道及时、准确地向公众传达应急信息，不仅能够有效控制事态发展，还能显著提升民众对政府的信任和支持。这种高效透明的管理方式，通常被视为政府治理能力现代化的重要标志。相反，若政府反应迟缓、信息不透明或处理措施不当，可能导致公众恐慌情绪蔓延，信任度急剧下降，进而引发社会不稳定因素，甚至酿成政治危

---

❶ 黄倩蔚，高国辉. 日本强震冲击波：资本市场十日"惊变"［EB/OL］. (2011 - 03 - 21)［2024 - 06 - 21］. https：//www. chinanews. com/stock/2011/03 - 21/2918742. shtml.

❷ 李维. 新冠疫情冲击沪指开市首日下挫 7.72% 多专家呼吁把握中长期投资价值［EB/OL］. (2020 - 02 - 03)［2024 - 06 - 21］. https：//m. 21jingji. com/article/20200203/herald/86471fa43744ed9448faebee8cf99390. html.

机。从宏观上来看，突发事件的全球化特征愈发明显，没有一个国家能够独立应对相关挑战。例如，新冠疫情的全球大流行，凸显了各国在公共卫生体系、经济复苏策略上的相互依赖，以及在全球治理中的共同责任。为有效应对这些跨国威胁，国际社会必须强化多边合作机制，促进医疗资源、疫苗研发与分配的国际合作，共享疫情数据和研究成果，协同制定应对策略。这种合作不仅有助于快速控制疫情，也是对全球公共卫生安全体系的一次重要检验和重构。

3. 社会影响：不平等加剧与社会凝聚力的考验

突发事件犹如社会运行中的"压力测试"，其影响远不止于物理空间或经济活动的暂时中断，更深刻地触及社会结构的底层逻辑与民众心理的变化。在这样的危急时刻，社会的脆弱性和不平等现象被显著放大。低收入家庭和弱势群体往往出于居住条件拥挤、工作环境不佳、获取信息渠道受阻、医疗资源获取困难等原因，成为受影响最为严重的人群。这不仅体现在健康风险的直线上升，还体现在经济收入的骤减和生活保障的缺失，进一步拉大了社会经济差距，使得"强者愈强，弱者愈弱"的马太效应更加显著。在此基础上，突发事件所引发的长期不确定性，也给心理健康带来了前所未有的挑战。长期的隔离管控措施虽然对遏制疫情传播至关重要，但同时也割裂了人与人之间的正常社交联系，减少了面对面的情感交流，导致孤独感、焦虑症和抑郁症等心理健康问题急剧增加。与此同时，社会凝聚力作为维持社会稳定与进步的关键纽带在危机中也面临着严峻考验。一方面，共同的危机经历可能会激发人们的同理心和社会责任感，促进邻里互助、志愿服务等正面社会行为的兴起，增强社区内的团结感；另一方面，资源争夺、信息不对称以及对政府和其他群体的不信任也可能导致社会分裂，激化原有的社会矛盾，如种族冲突、阶级对立等，削弱社会整体的应对能力和恢复力。

4. 环境影响：自然因素与人为因素的交互作用

突发事件对环境的影响是多维度和长远性的，尤其在自然因素与人为因素的交织作用下，更是加剧了影响的复杂性和严重性。自然灾害如洪水、地震、飓风等，虽多由自然因素触发，但在全球气候变化的背景下，人类活动加剧温室气体排放等因素使得极端天气事件的频率和强度增加，从而对自然环境造成更加剧烈的破坏。洪水泛滥不仅直接淹没土地、冲毁生态系统，还会携带大量污染物进入水体，导致水质恶化；地震可能引发山体滑坡和土壤侵蚀，破坏森林植被，影响生物栖息地；而强烈的风暴则可能对沿海湿地、珊瑚礁等敏感生态系统造成不可逆的损害。人为灾害方面，工业事故如化工厂爆炸、油轮泄漏、核事故发生后，释放的有毒物质会迅速污染周围环境，对空气、水源和土壤造成长期的负面影响。具体而言，化学品泄漏可能导致地下水永久性污染，影响居民饮水安全；油轮泄漏则会对海洋生态系统造成灾难性破坏，影响渔业资源和海洋生物多样性；核事故更是会造成广泛的放射性污染，对人类健康造成长期威胁，且清理和恢复工作极其艰巨，耗费巨大。这些环境影响不仅限于局部地区，往往会跨越地理边界，形成区域性乃至全球性的环境问题。

第二节　财税制度在应对突发事件中的功能定位

一、财税政策的应急属性考量

在面对突发事件的紧要时刻，财税政策运行通常面临着前所未有的严峻考验，它不仅要求政府具备快速响应的能力，还要求财政策略与资源配置的紧密结合。财税政策通常被称为社会经济运行的"自动稳定器"，这主要源于财税政策本身所具有的弹性特点，以至于其不需经常作出调整即可帮助经济自动趋向稳定。例如，一些财政支出和税收政策可以自动配合社会需求管理以缓和总需求的波动，从而有助于经济的稳定。当突发事件对经济社会运行产生冲击时，会导致社会总产出水平下降、失业率上升以及家庭收入减少。此时，部分纳税人会自动进入较低税率档次，从而缓解因收入下降带来的经济压力。而且，在突发事件的背景下，社会救济和其他社会福利补助机制会自动启动，以抵消消费需求过度下降的影响。此外，政府可适时部署综合财税政策措施，包括税收调整、费用减免等手段，以有效缓解突发事件引致的负面外部效应。根据事件的等级与性质，审慎选择并实施针对性的财税政策组合与税收激励方案，通过精确、高效的税收激励机制引领资本流动，以满足公众与企业预期，增强市场信心，促进经济活动的快速反弹与持续稳健增长。应急财政调控因其手段的直接性、多样性、精准性和高效性特点，决定了其成为应急调控最重要的手段。[1]

应急财税政策要解决的重要问题有三个。一是宏观层面上的应急资金管理问题。从国内外相关财政政策经验来看，资金的及时到位与合理配置对控制突发事件进展、采取救助措施和取得防治的成功都是至关重要的。二是如何在事件暴发的中后期增强企业的现金流问题，尤其是对企业实施减、免、退税等税收优惠政策，使得企业本应该缴纳的税费转化为带有财政扶持性质的营业资金，有助于增强企业现金流，帮助企业迅速恢复生产经营。三是如何利用财政支持政策为重点受灾地区紧急纾困。例如，在面对新冠疫情的挑战中，财政部迅速采取行动，向湖北省紧急调配疫情防控补助资金，并预拨款项至各地区。湖北省各级地方政府也积极响应，显著增强了对社会各个方面的财政支持力度。

二、有效引导社会力量参与突发事件应对

面对传统社会风险的当代转型，需要在应对主体上从单一应对走向社会参与，培育全社会防范和应对突发事件的能力已成为一项重要的任务。[2] 这是因为，很多突发事件很难预测什么时候、在哪里出现，所以仅仅依靠政府的应急力量是不够的，必须动员全社会的力量，并且还要让社会公众有很强的能力去应对。通过设立专项基金、税收减免、补贴奖励等财政激励措施，不仅能够有效激发企业、社会组织及公众的参与热情与责任感，还促进了资源的高效整合与精准投放。财政支持下的信息平台与协调机制，确保了社会

---

❶ 夏杰长，蒋励佳，李秋正. 加快构建应对突发公共事件的财税管理机制 [J]. 经济研究参考，2020（9）：59 - 67.

❷ 王星. 应对社会风险转型：从单一主体走向社会参与 [N]. 中国社会科学报，2014 - 12 - 05（B01）.

力量与政府部门间的信息对称与行动协同，提高了应对效率。同时，财政投入于教育培训和社会宣传，提升了公众的风险认知与自救互救能力，为构建广泛的社会应急响应网络奠定了坚实基础。因此，财政不仅是资金供给的源头，更是连接政府与社会、统筹资源与行动的纽带，对提升全社会应对突发事件的综合能力起到了不可替代的作用。具体而言，财政主要从以下方面引导社会力量参与突发事件应对。

一是通过对公益性捐赠税前扣除，鼓励企业和个人进行公益性捐赠，拓宽资金筹集来源。例如，新冠疫情发生后，财政部、国家税务总局发布了《关于支持新型冠状病毒感染的肺炎疫情防控有关捐赠税收政策的公告》，对公益性捐赠所得税税前扣除放宽扣除比例限制，对捐赠用于应对新型冠状病毒感染的肺炎疫情的现金和物品，允许在计算应纳税所得额时全额扣除；放宽捐赠程序，允许个人直接向承担疫情防治任务的医院捐赠用于应对新型冠状病毒感染的肺炎疫情的物品进行全额扣除；放宽发票限制，捐赠人凭承担疫情防治任务的医院开具的捐赠接收函办理税前扣除事宜。通过从以上三个方面放宽对公益性捐赠的限制，有效激励了疫情防控期间的公益性捐赠行为，缓解了国家的财政压力，极大提高了救助效率，为疫情防控取得阶段性胜利打下了坚实基础。❶

二是提高公众应急能力。由于突发事件难以预料且需要及时作出应对，培育公众应对突发事件的能力已成为一项重要任务。财政在提升公众应对突发事件的应急能力中扮演着至关重要的角色，尤其是在教育与培训方面。通过合理的财政投入和支持，可以有效增强公众的防范意识、自救互救能力以及应急管理水平。近年来，多地财政部门积极投入资金，支持中小学开设应急安全教育课程。这些课程不仅涵盖了基本的防灾减灾知识，如地震、火灾、洪水等自然灾害的应对方法，还通过模拟演练、互动教学等方式，让学生亲身体验和学习应急技能。这不仅有利于提高学生的应急意识，还让其掌握了

---

❶　姚凤民，陆帆．重大突发公共卫生事件公益性捐赠个人所得税税前扣除问题研究［J］．财政科学，2021（3）：36－43．

基本的自救互救技能，为应对突发事件打下了坚实的基础。此外，财政部门也通过支持社区开展应急演练和宣传活动，有效增强社区居民的应急意识和自救互救能力。例如，河南省信阳市财政局联合三五八社区开展消防安全应急演练活动，将理论和实践相结合，向社区工作人员及居民讲解火灾逃生知识并进行模拟演练，提升了社区工作人员的应急处置能力，强化了社区居民的安全意识。

新形势下，需要继续强化财税制度对社会力量的激励效应，进一步完善财税引导机制，更好地调动社会组织参与应对重大突发事件，充分发挥其在应急治理中的积极作用。

三、充分消除突发事件的负面影响

为最大限度地避免突发事件对经济运行带来的冲击以及造成的损失，政府的有效干预是必然选择，财税政策作用由于更加直接、有效而成为宏观调控的主要且惯常的手段。通过建立和完善相关财税配套政策，如缓征或减免税优惠为中小企业减负并提供融资便利，加快受灾地区和企业恢复重建步伐；采取政府补助、财政奖励等纾困措施，鼓励和支持公共安全技术和产品的发展；加大保险业的参与力度，让全社会共同应对风险并承担其影响和损失。

财税政策应积极发挥支持维护社会稳定，切实保障和改善民生的作用，对受突发事件影响的行业和个人实施有针对性的税收优惠，最大限度地降低企业运行负担和个人生活工作压力。首先，在保障基本生活需求方面，突发事件常导致部分人群收入骤减，甚至失去生计。一些临时性财税政策如发放紧急生活补贴、失业救济金、食品和住房援助等，确保受事件影响的居民基本生活得到保障，减少社会不安定因素。其次，加大对特殊时期人员就业的支持力度。突发事件发生后，大量人员可能面临失业问题。可通过减税降费、提供就业培训补贴，鼓励企业吸纳就业，促进劳动力市场的快速恢复，帮助失业人员尽快回归工作岗位。再次，加强社会保障体系建设。加大对社保基金的财政补助，确保养老保险金、医疗保险金等社会保障待遇按时足额发放，减轻民众因突发事件带来的经济负担，增强民众的安全感和对未来的信心。

最后，加强社区治理与公共服务。通过财政的有力支持，能够使社区应急管理能力和基层公共服务水平得到提升，包括改善公共卫生基础设施、加强社区安全建设、提供法律援助等，增强社区自我管理和服务能力。

税收政策一般是通过调整纳税人的税收负担，间接影响市场行为和经济动力。在经济恢复阶段，实施减免税等税收优惠措施成为常态，在一定程度上可以激活市场活力。例如，为企业提供税收减免，特别是对中小企业和受突发事件冲击严重的行业，可以有效缓解其现金流压力，鼓励投资和维持运营。对个人而言，提高个人所得税费用扣除标准、实施商品劳务税减免等，能够有效增加居民可支配收入，刺激消费需求，形成正向经济循环。可以看出，税收政策的灵活性和针对性在此时显得尤为关键，它不仅是短期内经济刺激的工具，也是调整产业结构、实施经济转型升级长远规划的一部分。

第三节　应对突发事件的财税制度框架

一、财政收入制度

财政收入制度是一个国家或地区的政府为了筹集必要的资金以维持其职能运作、提供公共服务和实现宏观经济政策目标而建立的一系列规则、程序和机制，主要包括税收收入、非税收入、政府债务收入等多个方面。在经济学领域，财政收入通常具有对经济的调节效应，通过减税、降费等措施刺激投资、消费和出口增长，最终带动有效需求增长，在特殊时期实现对经济运行的有效调节。

税收是财政收入的主要来源，通常依据法律强制性征收。税收具有强制性、无偿性、固定性等特点，因此在筹集财政收入方面稳定可靠。税收的这种特点，使其成为世界各国政府组织财政收入的基本形式。目前，我国正在迈向"税收国家"形态，税收在我国整体财政收入中具有绝对的主导地位。在应对突发事件时，税收优惠往往会作为一项重要的政策措施，旨在减轻受事件影响的企业和个人的经济负担，促进经济稳定与恢复。通常采取的税收优惠政策主要有：税负减免，即政府直接减免相关主体的企业所得税、增值税或个人所得税等税收负担，以增加企业和个人在困难时期的抗风险能力；延期纳税，在疫情等特殊时期允许符合一定条件的企业和个人延期申报和缴纳税款，为纳税人提供更多的财务灵活性和时间缓冲；捐赠扣除，针对向疫情防控工作捐赠的个人和企业的相关支出，提供所得税应纳税所得额全额扣除的优惠政策，能够激励社会各界积极参与突发事件应对活动，鼓励社会捐赠行为。

国债是政府为弥补财政赤字或筹措建设资金而向国内外投资者发行的债务凭证，是财政收入的一个重要补充渠道。在应对突发事件的过程中，发行特别国债是政府采取的一项重要财政工具，旨在筹集资金以应对特定紧急情况或支持国家的特殊需要，而通常不直接影响财政赤字率。特别国债具有针对性强、用途特定的特点，能够在不增加常规财政预算压力的前提下，迅速为政府开展应急管理工作提供资金支持。例如，在遭遇自然灾害（如洪水、地震）后，特别国债可用于支持灾区重建，包括基础设施修复、居民住房重建、防灾减灾体系建设等，加快恢复受灾地区的生产生活秩序。

费用减免和延期缴纳作为阶段性的财政收入应急调控措施，也是应对突发事件的常用政策手段，旨在减轻企业和民众的经济负担。相比于税收收入，费用类收入虽然不是财政收入的主要实现形式，但在实际筹集的过程中也会对市场运行产生显著影响，尤其是对受突发事件影响程度更深的中小微企业而言。常用的费用减免措施主要有：行政事业性收费减免、政府性基金和社保费用缓缴等。

二、财政支出制度

财税政策作为国家治理和宏观调控的重要工具，在促进经济恢复和社会稳定等方面发挥着重要的保障作用，这种作用在很大程度上是通过扩大政府支出和优化财政资源配置来实现的。应对突发事件的财政支出制度是政府为有效控制和减轻突发事件对经济和社会的影响，预先规划和动态调整财政资源配置的一系列规则和程序，具体涉及政府的购买性支出和转移性支出。这些制度旨在确保在紧急情况下能够迅速调动和分配财政资源，提供必要的资金支持。在突发事件发生时，一般采取的财政支出制度主要有预备费支出、特殊转移支付、财政补贴、发放消费券等。

预备费的设立是财政支出的重要手段之一，体现了政府对未来风险前瞻性管理的重视。这部分资金通常在年度预算中占一定比例，其规模依据历史数据、风险评估及国家经济承受能力综合确定。它如同一座未雨绸缪的"水库"，在平时蓄水，在干旱或洪涝时释放，以调节水流，确保经济与社会的稳定运行。预备费不设特定用途，其灵活性使政府在面对各种类型的突发事件时，都能迅速调用资金，无论是用于医疗物资采购、灾害救援、民生保障还是经济刺激措施。若出现预备资金不够的情况，预算制度要求建立快速响应的预算调整机制。在传统预算制度下，调整预算通常需要复杂的立法程序和较长时间，而这在紧急情况下显然是不切实际的。因此，建立快速响应的预算调整机制成为必要。这意味着在紧急状态下，政府有权在限定的范围内和条件下，快速调整预算分配，直接将资金导向最紧迫的需求点，如公共卫生体系的加强、紧急救援行动的开展和社会救助计划的实施。这种机制的灵活性是基于对效率的追求，确保政府能够及时、有效地履行其保护公民生命财产安全和维护社会秩序的职责。但由于突发事件往往带来长期的经济和社会影响，因而财政预算制度也须具备跨年度的视角。这意味着短期内增加的紧急支出不应简单视为一次性成本，而应在长期的财政规划中考虑如何通过经济的逐步恢复、提高财政效率、合理增效节支等措施，实现总体预算平衡。这种长期视角有助于避免财政赤字的累积，保障国家财政的可持续性。

转移支付是指上级政府对下级政府无偿拨付的财政资金，包括中央对地方的转移支付和地方上级政府对下级政府的转移支付。政府的转移支付大都具有福利支出的性质，如社会保险福利津贴、抚恤金、养老金、救济金以及各种补助费等。在突发事件发生时，政府可以通过增加转移支付，迅速向受事件影响的个人和家庭提供紧急救助，如发放生活补助、临时失业救济金等，确保基本生活需求得到满足，减轻民众的经济压力。在事后的重建过程中，通过专项转移支付，中央政府可以向地方政府划拨资金，用于修复受损的基础设施（如道路、桥梁、医院）和提供关键公共服务（如医疗卫生、基础教育），加快灾区或受影响地区的恢复重建工作。

相比于财政转移支付从整体层面向政府拨付专项资金，财政补贴则更具针对性且更直接地对企业和个人进行资金扶持。一般来说，财政补贴侧重于在突发事件发生后，从以下几个方面减轻受影响企业和个人的经济负担，保障民生稳定，促进经济快速恢复：一是保障基本生活，对受事件影响严重导致生活困难的个人和家庭，政府可以发放生活补贴，确保基本生活需求得到满足，如对低收入群体发放临时生活补助；二是支持市场主体运营，为受冲击的市场主体尤其是小微企业和个体工商户提供经营补贴或租金减免补贴，帮助它们渡过难关，以维持基本运营；三是促进就业稳定，实施就业补贴政策，鼓励企业不裁员或少裁员，对新增就业岗位给予补贴，以及为失业人员提供职业培训补贴，促进劳动力市场的稳定；四是保障供应链稳定，对关键物资生产和供应企业给予补贴，确保医疗物资、食品等重要商品的稳定生产和供应，维护市场秩序和社会安定。

推动经济社会的复苏重建过程，不仅需要短期的"输血"式援助，更要着眼于激活社会自身的"造血"机能。在突发事件发生后的后续恢复阶段，为了加速消费市场的回暖与经济增长，发放消费券已成为多地政府采纳的重要刺激手段。分发消费券可采取多样的分配机制，包括定时抢领、随机摇号及幸运抽奖等形式，这不仅提高了分配效率，也增加了民众参与的便捷性和趣味性。合作的第三方平台可涵盖业界领先的支付与电商平台，如微信支付、支付宝、京东及美团等，这些平台的广泛参与可确保消费券的高覆盖率与高效利用。从消费券应用领域看，除直接针对受严重影响的餐饮、文化旅游及娱乐行业外，还可面向大宗消费，来加速经济循环。此外，还可紧密关联当地经济支柱产业，促进当地产业的快速恢复与发展。这些举措不仅可以直接促进消费，还可以通过精准定位关键产业，有效带动上下游产业链的联动复苏，展现政府在经济刺激政策上的精准施策与创新思维。

三、财政管理制度

财政管理制度是政府为了控制财政收支活动而制定的一系列规则和程序，以确保财政资金得到合理分配、有效使用和严格监管。应急状态下政府的财政收入和支出活动往往会突破常规治理的轨道，因此，需要特殊的应急财政管理制度加以规范。应急财政管理制度可简要概括为：钱从哪里来（应对突发事件的资金筹备）、钱怎么给（应急财政反应机制和程序）、钱怎么分（央地财权事权关系）、给多少钱（应急救助标准与政策体系），❶ 而这些都需要通过公共预算安排来实现。在此需要提及的是，现代国家公共财政管理的基础是"全口径预算"，其强调政府预算的全面和完整，最终目的在于通过全口径管理实现对政府所有财政收支行为的法律控制，从而真正实现公共财政"取之于民，用之于民"。❷ 在应对突发事件的财政预算制度设计中，预先规划和灵活响应是两大核心要素。预算是政府应对危机的金融盾牌，而其中的预备费或应急基金则是这一盾牌的加固层，即解决"钱从哪里来"的问题，以确保在危机来临时，政府能够迅速且有力地作出反应，减少社会经济的震荡。

财政预算制度是确保政府在面临突发事件时，能够迅速、有效地调动和使用财政资源的重要机制。这一制度涉及预算编制、执行、监控和调整等多个环节，旨在提高财政的灵活性和应急响应能力。完善财政应急预算制度是保障财政应急管理资金供给的重要防线。当突发事件发生时，公共财政应及时启动应急反应机制，快速且精准地将预备费等应急资金拨付到相应地区或层级，这就要求提前建立应急响应程序以作出快速应对。同时，为提高资金的使用效率和落实性，财政预算制度建立了对预算资金使用的绩效评估与监督机制，以加强对应急资金使用的绩效评估和监督，确保每一分钱都用在刀刃上。这包括建立应急资金使用的跟踪机制，以确保每一笔资金的流向和使

❶ 冯俏彬. 新冠疫情折射下的我国应急财政管理制度［J］. 财政科学，2020（4）：14－20.
❷ 华国庆. 全口径预算：政府财政收支行为的立法控制［J］. 法学论坛，2014（3）：32－39.

用效果都有迹可循；定期的审计机制，独立第三方的介入能有效发现并纠正资金使用的不当；信息的公开透明，让公众参与到监督过程中，增强政府行为的透明度和公众信任感；以及对违规行为的严格问责，无论是疏忽还是故意，都应依法依规追究责任，维护财政预算制度的严肃性和权威性。

在应对突发事件时，政府首先要明确的问题是"谁来处理"，只有明确了主体责任，并配套以相应的支出责任后，才能进一步探讨"如何处理"的问题。我国幅员辽阔、事权繁杂，不仅纵向的行政层级多，横向的职能部门也较为分散，这就大大增加了应急管理事权的配置难度。❶ 我国公共治理体系构建于中央与地方双层架构之上，强调政府主体作用与全社会协同推进的治理模式。而应对突发事件作为一项跨界广、综合性强的任务，要求在中央与地方政府多个层级间明确划分事权与财权，确保资源配置的合理与高效。这一过程不仅是对政府间协调机制的考验，也是对应急管理体系响应速度与效能的检验。在紧急状态下，若各相关部门能清晰界定自身职责，依据既定预案迅速行动，将极大提升应急反应的时效性和有效性，确保有序、高效地开展救援与恢复工作。因此，构建一套既能适应复杂国情，又能灵活应对各种突发事件的责权明确、协同高效的应急管理机制，对提升我国政府的现代化治理能力和维护社会稳定具有至关重要的意义。

合理划分应急财政事权与支出责任范围是确保政府在应对各类突发事件时，能够高效、有序地调动资源和采取行动的关键。一般来说，划分主要基于突发事件的性质、影响范围及应对需求：一是分级负责。即根据突发事件的级别和影响范围，明确中央政府与地方政府之间的责任分工。一般而言，涉及国家安全、跨区域协调、全国性重大疫情或灾害等事务的应急财政事权和支出责任主要由中央政府承担。而对于地方性或影响局部地区的突发事件，则主要由地方政府负责，中央政府提供指导和支持。二是法定职责与能力匹配。事权和支出责任的划分应与各级政府的法定职责相适应，并考虑其实际应对能力和财政状况。例如，国防、外交、全国性基础设施建设与维护、国

---

❶ 欧阳天健. 应急管理事权与支出责任研究 [J]. 经济体制改革, 2020 (6): 153 – 159.

家级应急物资储备等通常属于中央政府职责；而地方公共卫生服务、地方基础设施维护、社区应急管理等则更多归属地方政府。三是协同联动机制。要求建立和完善中央与地方之间、地方政府相互之间的协同联动机制，以确保在跨区域或影响广泛的突发事件中，能够快速整合资源，形成合力。这包括信息共享、资源共享、资金调配等方面的合作。四是应急响应与恢复重建。需要合理区分应急响应阶段与恢复重建阶段的事权和支出责任，应急响应阶段可能需要中央政府迅速介入，提供紧急资金和资源；而恢复重建阶段则可能更多依靠地方政府，由中央政府提供必要的财政支持和政策指导。

此外，还应考虑到灾后重建与社会安抚工作。突发事件势必会给社会生产及生活带来冲击，打破既有秩序，从而给企业、家庭乃至个人带来严重的负面影响。对此，政府需要建立一套全面的财政救助制度。这套制度应当包括对受损对象的精准识别和分类，例如，优先支持中小微企业、低收入家庭以及失业人员等。针对企业，政府可以通过发放一次性或定期的财政补助、提供专项补贴、给予贷款利息补贴以及减免税收等方式来缓解企业的财务压力；对于家庭和个人，则可以提供生活必需品补贴、临时失业救济金、住房重建补助以及医疗费用补助等，以保障他们的基本生活需求。为了确保这些救助措施能够快速有效地实施，还需要简化申请和审批流程，加强监督和审计机制，保证资金使用的透明度和合规性。此外，政府还应该定期评估救助政策的效果，根据实际情况进行动态调整，并积极引入数字技术，利用数字化平台提高救助效率，同时鼓励社会各界的捐赠和支持，共同构建一个强有力的社会支持网络。

第三章
财税制度应对突发事件的学理诠释

公共财政是与现代民主政治和市场经济相适应的一种财政制度，本质在于公众、公共产品和服务、公共需求等几个概念的支撑与互动。❶ 或者说，与传统的"国家分配型财政"模式相比，"公共财政"模式的本质特征就在于"公共性"。在当下风险社会，突发事件所产生的风险通常也具有"公共性"。事实上，应对突发事件的相关社会成本不可能由私人来承担，必然需要公共财政作为主要支撑，公共财政与突发事件应对存在深层次上的理论关联。如果突发事件的处置应对未能得到公共财政的有效支持，其或将演变为损失惨重的公共危机。❷ 因此，财税制度的具体安排需要在理论层面考虑更多的风险规制因素，财税领域的基本理念和原则立场需要融入突发事件应急处理的思维和价值取向。

---

❶ 刘剑文. 法治新时代的公共财政监督［M］. 北京：北京大学出版社，2021：3.

❷ 周刚志，谢令怡."风险社会"中的财税法制及其宪法控制［J］. 江苏行政学院学报，2021（3）：121－128.

第一节　财税制度应对突发事件的理论见解

一、收支平衡：应急状态下的财政可持续发展

在面对各类突发事件时，临时性的减税降费和紧急财政拨款等特殊支出制度安排，很大程度上会对一个地区的长期财政平衡产生影响，因此，确保应急财政的收支平衡是一项复杂而关键的任务。这不仅涉及如何在紧急情况下迅速调动和分配必要资金，以应对突发事件所造成的各方面影响，还要求在长期规划中实现资金的可持续管理和有效利用，以建立长效防控机制并保证宏观经济的稳健运行。随着我国社会经济的不断发展，基础设施、教育、医疗等关键领域的公共开支持续增长，这一趋势在面对突发事件时更加突出。突发事件的发生不仅加剧了财政压力，还凸显了对财政可持续性和基本公共服务供应稳定性的挑战。可以认为，应对突发事件的关键在于解决直接投入增加和资金收入减少造成的资金缺口问题。[1] 因此，在应对未来可能发生的突发事件时，需要加快完善财政支出制度，促进政府、市场与社会在公共服务供应上的协同合作，同时夯实财源建设。这不仅是提升应急响应能力的关键，也是确保未来财政平稳运行的重要途径。

在突发事件应对中，吸引社会资本参与公共物品和服务供给尤为重要。除了政府要建立事前的突发事件资金准备机制，企业、家庭、个人等微观经济主体也应有相应准备与防范，以缓解财政资金独立苦撑大局的现实情况，分担应急风险与压力。[2] 一般而言，灾难保险、巨灾保险是常用手段之一，在此情况下，私营企业可以通过保险或其他金融工具参与灾害管理，有利于解决政府灾害管理计划资金不足的问题。[3] 其中，巨灾保险通常是指由政府

---

[1]　严秋斯. 突发事件应对视域下的财政收支平衡 [J]. 经济法论丛，2022（1）：180-193.

[2]　冯俏彬. 我国应急财政资金管理的现状与改进对策 [J]. 财政研究，2009（6）：12-17.

[3]　LASSA J A. Public private partnership in disaster reduction in a developing country: findings from West Sumatra, Indonesia [J]. IRGSC Working Paper Series, 2013: 1-16.

全额出资购买，并作为投保人和被保险人，用于分担巨灾发生后政府依法应承担的救助责任的保险，以市场化和制度化的方式建立起应对巨灾等突发事件的资金储备。这在一定程度上分担了政府应急的风险和资金压力，形成多层次巨灾风险分担机制，以更好地应对突发事件带来的冲击。实践中，重庆市 2017 年发布了《重庆市人民政府办公厅关于开展巨灾保险的实施意见》（渝府办发〔2017〕121 号），鼓励在渝财产保险公司积极参与巨灾保险相关工作，探索组建共保体，提高承保能力。

此外，通过政策引导和激励措施，鼓励私营部门在教育、医疗设施、科技研发等方面进行投资，有利于分担政府财政及应急物资供给压力。❶ 同时，要注重社会组织和民间团体在提高公共危机管理韧性和效率方面的作用。这些组织在信息传递、社区服务、心理援助等多个层面可以发挥重要的作用。通过明确公益组织的认证标准、优化社会准入机制、加强监管与指导，可以进一步激活社会组织的潜力，使其在教育支持、医疗援助、科研创新等领域成为政府的有力补充，特别是在资源调配、志愿服务、灾后重建等方面发挥更大效能。与此同时，政府在其中的角色应转向更加注重战略规划与监管，确保公共资源优先用于保障社会安全，维护基本公共服务的稳定供给，例如，加大对公共卫生体系、社会保障体系的投资，而不是仅仅扩大直接的财政转移支付。通过智慧型财政管理和多方协作，政府能够更有效地引导资源流向，平衡短期应急需求与长期财政发展之间的关系，有利于化解特殊时期的财政收支矛盾。

二、预算法定：应急财政管理的预算法约束

将应急预算管理纳入法治化轨道可以为应对和处置突发事件提供更加科学的应对方案和更加有力的物资保障，是有效避免应急预算的随意性和短期化行为、不断提升政策效力的必然路径。在突发事件暴发下行使应急预算权限的过程中，关键在于化解财政资源的固有局限性与突发事件需求的不可预

---

❶ 吕冰洋，李钊. 疫情冲击下财政可持续性与财政应对研究［J］. 财贸经济，2020（6）：5 - 18.

测性之间的内在矛盾。化解这一矛盾要求应急预算管理不仅必须强调效率与效果，确保每一分预算都能精准投放到最紧迫、最关键的需求上，还需要通过法律制度的形式来确立并维护这种高效、务实的资源配置原则。这意味着，应急预算的制定与执行应当嵌入到一个坚实的法制框架内，该框架既能够灵活应对各种紧急情况，又严格规定预算使用的透明度、责任追溯机制以及绩效评估标准，以法律的权威性和强制力来保障应急资金合理高效使用。

预算法定原则强调政府的所有财政活动必须遵循法律规范，确保预算从制定至执行、调整乃至监督的每个环节均在法律框架内操作，旨在增进财政透明度、强化预算纪律，并促进公共资源的高效利用。完备的应急预算管理是应对各类突发事件的必要之举，而应急预算也只有为国家法律所认可时才具备规范性而有约束力。因此，完备的应急预算法制是现代法治国家未来渡过每次重大危机的基本法制要件。[1] 鉴于应急预算需具备快速响应、精准投放资源的能力，以确保应急物资充足，应急预算法制建设必须细化规范，通过设立授权、义务及禁令性规定，构建严密的监督机制，确保应急预算权限严格遵守法律规定，始终在法定框架内运行。《预算法》作为财政领域的基石性法律，其开篇即明确指出，为规范政府收支行为、强化预算约束、加强预算监管，促进经济社会健康发展的全面规范、公开透明预算制度建立，依据宪法制定本法，该规定确立了预算活动的法定原则。这意味着政府在预算的编制与执行上必须遵循法定程序，未经法定程序的预算管理活动将招致法律责任。《预算法》中分别设定了人大、政府、财政部门及审计部门的监督职责，但相关监督机制在实践中一般难以达到应有效能。为此，需要进一步明确各级人大与政府、财政、审计及监察等相关部门的协同机制，形成多层次、立体化的监督网络，以提升监督的整体贯通性。

财政预算收入主要来自纳税人，其分配和使用涉及公共利益的实现。因此，人大财政预算监督不仅是对财政资金使用情况的监督审查，更是对

---

❶ 滕宏庆. 我国应急预算法制化研究 [J]. 政治与法律，2011 (11)：93 – 100.

我国税法权威性的维护和保障。但就目前的人大财政预算监督而言，还不同程度地停留在流于形式的程序监督上，实际效果不尽如人意，政府支出随意性较大，预算监督的权威性和约束力不足。目前，中央财政资金是应急资金的主要来源，一方面，可以缓解地方财政应对突发事件的资金压力，以顺利推进救灾工作；另一方面，会造成地方政府使用应急资金的随意性，从而缺乏动力来强化资金管理与使用效率。❶ 对此，需要加强对财政应急资金的规则约束，将预算资金的落实、使用和审查等关键程序纳入法制化轨道。同时，还需要加强人大财政预算监督力度，提高监督审查工作的专业性和途径的多样性，确保应急财政支出的科学精细和高效落实，维护国家财政秩序。

应急预算资金是政府为了应对突发事件而预先规划并在预算中设立的专门资金，故该类资金监督与常规预算监督的要求存在一定差异。总的来说，应急预算资金的监督既要遵循常规预算监督的结构、程序与规则，也要嵌入我国应急管理过程的属性与特征。❷ 因此，人大应超越其仅仅作为程序性监督主体的角色限制，加大应急资金监督工作的力度和审查范围。具体来说，人大常委会及有关专门委员会可通过组织专题研讨会等方式对如何合理分配应急预算资金提出具体建议以确保资金使用符合预期目标。在资金的监督与审查方面，可设立专门的监督小组，利用信息技术等现代手段提高资金使用的透明度，跟踪审查资金的使用情况。此外，可建立定期报告机制，要求政府定期主动提交应急预算资金的使用报告，以提高政府资金规范使用的自觉性。对各个地方资金使用获得感最强的莫过于当地群众，故应鼓励公众积极参与预算监督，可通过社交媒体、热线电话等方式，收集民众对应急资金的使用意见，以更具针对性、更有效地调整资金使用结构，提升应急预算资金使用的安全性和效益性。

---

❶ 冯俏彬. 新冠疫情折射下的我国应急财政管理制度 [J]. 财政科学，2020 (4)：14-20.

❷ 周隆武，苗庆红，钟明熹. 完善地方政府应急预算资金监督制度：基于新冠肺炎疫情防控的考察 [J]. 宏观经济管理，2021 (8)：22-27.

三、府际协同：应急财政事权与支出责任的适应性

协同概念源自系统科学，指系统内部多个子系统或元素通过相互作用，形成有序统一的集体运作模式。当前，我国在突发事件应对实践中及理论研究上正经历由粗放式向集约式转变的关键期，这一转变也亟须引入更开阔的分析视角，而"协同学"理论作为现代科学的基础，为探究高效协同机制提供了新的理论框架和路径。● 我国社会公共治理体系构建于中央与地方二元架构之上，政府作为主导力量推动整体协同进步，而应对突发事件作为一项高度综合性的任务，其有效管理需要明确中央与地方各级政府在事权与支出责任上的界限。从政策层面看，《国务院关于推进中央与地方财政事权和支出责任划分改革的指导意见》（国发〔2016〕49 号）提出，要"最大限度减少中央对微观事务的直接管理，发挥地方政府因地制宜加强区域内事务管理的优势"，明确了我国央地关系改革的一大要求。2016 年发布的《中共中央国务院关于推进防灾减灾救灾体制机制改革的意见》将"坚持分级负责、属地管理为主"作为新时期我国防灾减灾救灾的一项基本原则，要求地方"就近指挥、强化协调并在救灾中发挥主体作用、承担主体责任"，强调了突发事件属地管理为主的应急管理体制。❷《"十四五"规划和 2035 年远景目标纲要》进一步指出："坚持分级负责、属地为主，健全中央与地方分级响应机制，强化跨区域、跨流域灾害事故应急协同联动。"

财政是应对突发事件的财力基础与物质保障，一直以来都集中掌握在中央政府，各地需要的财政预算及应急资金拨付也是由中央财政统一向下划拨。然而随着现代社会风险波及广泛且传播快速，传统的封闭性、内向性突发事件应急模式难以适用。❸ 由此，作为一种具有中国特色的财政实践形式，对

● 张立荣，冷向明 . 协同治理与我国公共危机管理模式创新：基于协同理论的视角 [J]. 华中师范大学学报（人文社会科学版），2008（2）：11 - 19.

❷ 李一行，陈华静 . 突发事件属地管理为主的异化及其对策 [J]. 行政管理改革，2021（6）：61 - 67.

❸ 李楠楠 . 跨区域应急协同治理的财政进路：以对口支援为切入点 [J]. 中国行政管理，2022（12）：127 - 135.

口支援机制应运而生，也常被认为是一种横向的财政转移支付。❶ 其实现了应急财政资源的横向府际流动和配置，是构建突发事件多层次应对机制的体现。在应对突发事件过程中，相比于中央政府纵向的硬约束与规制作用，对口支援通过地方政府横向的协商与对口互助，弥补了传统单向行政主导应急治理模式的缺陷，促进人员、物资、资金等财政资源跨区域流动与配置，有利于地区间的财力横向协调，以更高效地开展突发事件应急治理工作。对口支援机制在我国突发事件应急处理中并不陌生，无论是 2010 年玉树地震灾后重建工作中对口支援帮扶援建任务，还是 2020 年新冠疫情发生后全国 19 个省份对口支援湖北省武汉市以外地市的疫情防控工作，均通过对口支援的部署，统筹调配地方资源，协调联动，最终推动灾后防控及恢复重建工作的快速、圆满完成，这足以体现对口支援机制在突发事件应对中的重要作用。

应急财政事权与支出责任的划分决定着中央政府和地方政府应对突发事件的能动性与行为能力。❷ 为提高央地应急财政事权与支出责任的契合性，《预算法》及其实施条例可考虑优化央地政府、地方内部上下级政府在应急预备费上的财政关联。此外，为完善协同治理结构，应注重培育突发事件治理主体的多元性。非政府组织、企业及公民个人在突发性的公共事件治理中扮演重要角色，共同构成权力（利）、义务与责任均衡化配置的多元治理体系。在政府主导与中央统一指挥下，应当常规化、制度化地促进政府机构与企业、非政府组织、公民及国际组织的协作，形成上下联动、协同应对的公共危机管理模式。这一协同治理体系构建了一个权责清晰的网络，旨在促进系统内部的有机互动与自我优化，为高效的应急协同奠定基础。国家与政府在此体系中发挥核心作用，不仅权威配置资源和设定战略方向，还致力于整合并提升各个子系统间的协同行动力。

---

❶ 石绍宾，樊丽明. 对口支援：一种中国式横向转移支付 [J]. 财政研究，2020（1）：3－12.
❷ 李楠楠. 央地协同治理：应急财政事权与支出责任划分的法治进路 [J]. 地方财政研究，2021（9）：21－30.

第二节　财税制度应对突发事件的理念调适

一、结果导向与过程导向相结合

在应对突发事件的财税政策制定与执行过程中，结果导向与过程导向相结合的策略尤为重要，旨在确保既能迅速有效地解决眼前危机，又能促进长期的经济稳定和社会福祉。结果导向在财税应对中的体现，主要是指政策设计与实施均以实现具体、可衡量的目标为出发点，如控制疫情扩散、保障民生基本需求、帮助企业快速恢复生产、稳定就业率等。这意味着财税政策需要直接针对突发事件造成的最紧迫问题，迅速提供资金支持、税收减免、信贷援助等措施，以达到预期的短期救援效果。例如，为受突发事件影响的企业提供税收减免、延期缴税，或是为受灾群众发放紧急补助，都是典型的结果导向政策，旨在直接改善受影响群体的状况，帮助尽快恢复正常秩序。过程导向则侧重于确保政策实施的合理性和有效性，关注政策制定与执行的程序、机制和透明度。在应对突发事件时，过程导向意味着建立一套灵活高效的决策机制，确保政策能够根据实际情况动态调整，同时保证资源使用的公开透明，以及各项措施的合理配置。例如，建立跨部门协作机制，确保财政资金的高效使用和监管，避免浪费和重复投入；制订详细的援助计划申请与审核流程，确保援助真正到达最需要帮助的困难群体。

结合结果导向与过程导向，财税政策能够更加全面有效地应对突发事件。一方面，通过结果导向确保政策快速响应，直接解决紧迫问题，减轻社会治理压力；另一方面，过程导向确保财税政策实施的合理性和可持续性，避免资源错配，同时增强公众对政府的信任和支持。例如，为临时性税费政策设置明确的阶段性目标和评估机制，既追求短期危机应对的成效，又注重长期税制结构的优化和税源培育。

二、行政应急权力运用与纳税人权利保障的平衡

在如战争、经济危机、自然灾害、严重传染病等突发事件发生后，国家往往会陷入一种危险、紧迫的非常状态下。非常状态虽然不会改变国家的根本法律结构和各机关的基本职权，但它一定程度上会影响权力运行的模式。一方面，行政机关会由于在应急治理中扮演主要角色而地位凸显；另一方面，由于行政应急权在非常状态下会更主动、更强烈，且在程序上更具灵活性，故会形成"行政应急权优先"的格局。❶ "尊重和保障人权"是现代文明的基本精神，也是我国宪法深刻蕴含的重要原则。在紧急及危急情况下，公众难免要承受必要的负担，一些基本权利会受到限制，这种限制虽必要但也要合理进行。在突发事件完全可能打乱正常民生保障制度运行的条件下，必须注重兜住民生底线。

税收是国家与社会公众的有机连接点。作为国家财政收入的主要来源，税收一定程度上会形成对纳税人财产权的减损。❷ 在应对突发事件时，国家运用财税应急权力时需综合考虑各方利益，确保既能迅速有效地应对危机，又不至于牺牲纳税人的正当权益。所有应急措施的出台与执行必须严格遵守法律框架，确保政策具有坚实的法律基础和明确的授权范围，这是维护政府行动合法性与公信力的前提。在此基础上，政策的制定与调整应充分考量紧急状态下的特殊需求，灵活运用"财政工具箱"中的各类政策工具，如紧急预算调整、专项基金设立、税收优惠政策等，快速输血给关键领域，如医疗卫生、基础设施修复、民生保障等，同时重点倾斜照顾受冲击最大的弱势群体，如低收入家庭、失业人员、小微企业等，体现社会救助的精准性和公平性。

国家在面对突发事件或经济危机时，往往会动用财税应急权力来确保财

❶ 李红勃. 非常状态下应急权规制的剖析维度：以突发公共事件为背景 [J]. 公共治理研究，2022 (3)：73 – 81.

❷ 吕楠楠. 税制公平主导下的税法解释：基于利益衡量视角的分析 [J]. 国际税收，2020 (7)：25 – 31.

政稳定、支持经济恢复和社会秩序，这些权力可能包括临时性增税、紧急预算调整、特别征税措施等。然而，在行使这些应急权力的同时，必须确保不会过度侵犯纳税人的合法权益，保持征税行为的合法性和合理性，从而实现国家治理现代化的目标。要平衡国家财税应急权力与纳税人权利，首先应明确界定应急权力的范围。法律应明确规定在何种紧急状态下可以启动财税应急措施，以及这些措施的具体内容、适用期限和程序，确保税务机关的行动有法可依，防止权力滥用。其次，要保持应急财税政策的透明度和公众的参与度。在采取应急财税措施前，政府应通过各种渠道公开相关信息，说明紧急状态的原因、拟采取的措施及其对纳税人可能产生的影响，同时提供平台让纳税人表达意见，增加决策的透明度和公众的接受度。再次，为保证应急权力有效行使，要注重健全对权力行使的监督和评价机制。应急管理部门与财政部门应当联合对应急财税措施的实施进行全面监督，确保合理行政与程序正当。最后，对应急财税措施的实施效果进行定期评估，分析其对经济、社会及纳税人权益的实际影响，并根据评估结果及时调整政策方向，形成良性循环。

公平合理的负担分配机制设计是平衡国家财政应急权力与纳税人权利过程中的另一重要环节。在利用财政消解突发事件带来的冲击时，政府应审慎使用加税、征用等手段，确保额外负担的分摊是基于社会经济能力的合理评估，避免过度集中于某一群体，造成经济负担的不均衡或社会不满情绪的累积。同时，对那些因应急措施而直接或间接遭受经济损失的个人或企业，建立补偿机制和事后援助计划，如税收减免、财政补贴、低息贷款等，以减轻其负担，促进快速恢复。为了进一步增强政策的透明度和公众信任，强化监督机制不可或缺。这包括建立健全多层次、多渠道的监督网络，如审计机关、监察机关、第三方评估机构以及媒体和公众的监督力量，确保财税资源的使用全程公开透明，流向清晰可追溯，防止挪用、贪腐等行为。鼓励公众参与决策过程，如通过意见征集、听证会等形式，吸纳民意，提升政策的社会接受度和执行效率。在此基础上，还应建立与纳税人的沟通机制。确保反馈渠道的畅通无阻，及时收集并响应纳税人和社会各界的反馈，对政策效果进行动态评估与调整，不仅有助于及时修正偏差，也是持续优化应急管理体系、提升国家治理能力的关键所在。可以说，国家行政应急权力的谨慎运用，旨在通过法治化、透明化、公平化的路径满足危机应对的迫切需求，同时保护好纳税人的合法权益，这是构建韧性社会、提升税收治理现代化水平的必经之路。

三、财税激励保障与监督约束并重

在应对突发事件，诸如地震等自然灾害的救灾及灾后重建工作中，财税政策的激励保障与监督约束并重策略显得尤为重要。这一策略旨在确保在紧急情况下高效利用财政资源，同时保障资金使用的透明度和合法性，促进经济社会的快速恢复和长期发展。目前，我国财政管理运行的现实是，分税制以来形成的"财权上收、事权下放"的收支分配格局使许多地区面临日益严峻的财政压力，尤其对一些欠发达地区来说，其刚性的公共服务责任和维稳支出压力，在加剧这些地区对非税收入和中央转移支付依赖的同时，也可能倒逼其有选择地提高对部分税基的征收强度。正因为地方政府的征税决策是财政失衡、税收分配、经济发展、招商引资、地区博弈等多重因素作用的结果，所以对地方政府征税行为特征及动机的研究，需要在一个综合考虑税收分成激励、财政压力约束、经济增长目标以及政府间竞争策略等多种可能影响因素的框架内系统考察。

一方面，强化财政监督是维护救灾资金和物资管理的基石，要求建立健全规章制度，明确开支标准，严把审核关。通过严格的监督机制，对任何挤占、截留、挪用、虚报、冒领、贪污和浪费救灾资金物资的行为予以严厉惩处，确保每一笔资金和物资都能用在刀刃上。同时，财政部门应超前规划，秉持对未来负责的态度，对灾后重建项目进行追踪问责，避免"豆腐渣"工程，确保重建质量和资金效益。建立高效的信息反馈机制，确保政策指令畅通，加强跨部门协作，形成监管合力，确保资源高效利用。另一方面，特殊时期需要调整财政政策，发挥激励作用促进经济复苏。适时调整财政政策方向，由"稳健"转为"积极"，配合"紧货币、宽财政"的政策组合，为灾后重建和经济复苏提供必要的财政支持。鉴于当前通胀压力，货币政策需保持紧缩态势，但财政政策的适度宽松可以为灾区重建提供必要的经济激励，包括但不限于增加公共投资、提供税收优惠、补贴和贷款支持等，以刺激经济再增长，促进就业和消费，加速市场经济的自我修复。

综上所述，应对突发事件时，财税政策的实施需巧妙平衡激励保障与监督约束双重机制：一方面，通过财政补贴、税收减免等激励措施，为受困企业和个人提供即时经济支持，激发市场活力和维持社会稳定，加速经济自我修复；另一方面，注重提升预算透明度、实施严格审计和绩效评价，以及建立健全法律责任体系，确保财政资金的合理、高效与廉洁使用。双管齐下，既激发应对危机的动力，又构筑起防范资源错配和滥用的防火墙，共同促进经济社会的韧性与可持续发展。"激励"与"约束"机制相结合的条件下，财税政策在激励市场和社会活力的同时，通过严格监督保障公共资源不被滥用，才能确保应急资源真正配置到最需要的领域和项目。

四、与应急治理主体多元化的趋势相契合

随着公共风险不断演化与衍生，突发事件带来的消极影响更加复杂且波及范围更广，相关风险指向的是共同体行动场域中的每一个社会个体，传统意义上由政府作为单边应对主体的应急管理已难以平息突发事件所造成的多重影响。从单一政府主导的应急管理迈向多元主体协同参与的应急治理，已成为提升国家应对突发事件能力的关键路径。财税制度作为调控经济社会运行的重要杠杆，在激励和引导多元主体参与应急治理中发挥着独特的重要作用。

一是为参与主体提供税收优惠。财税制度可为参与应急救援和灾后重建的企业和个人提供税收减免或延期缴纳的优惠政策。对在应急救援和灾后重建中作出显著贡献的企业，政府可以提供企业所得税的直接减免或按其捐赠金额的一定比例抵扣应纳税所得额，减轻其税收负担，让企业在履行社会责任的同时，享受到实质性的经济回馈；对个人捐赠者，特别是对在应急响应中志愿服务时间较长或作出特殊贡献的个人，可通过提高其捐赠额的税前扣

除限额，或者在特定时期内给予一定的所得税减免，鼓励更多有志之士投身于应急救援活动中；对直接参与救援物资生产、运输和服务的企业，允许其享受增值税进项税额全额抵扣或申请退税，加快企业资金回笼，激励其在关键时刻优先保障救援物资供应。

二是为参与主体提供财政补助与奖励。对在应急救援中表现突出的个人和组织，政府可设立专项基金，提供直接的财政补助或荣誉奖励，表彰他们的勇敢行为和社会责任感，同时激励更多社会力量在未来灾害面前挺身而出。具体而言，政府应根据国家和地区的实际情况，设立专门针对应急救援与灾后重建的专项基金，确保资金来源稳定、充足。专项基金的设立需明确补助对象、条件、标准和程序，既包括对在应急事件中作出突出贡献的个人和组织直接给予的财政补助，也涉及对参与救援的志愿者、非营利组织等的交通、食宿、装备等必要开支的支持，确保补助的公平与透明。此外，除了直接的财政补助，政府和社会各界还应通过颁发荣誉证书、勋章，授予荣誉称号等形式，对表现优异的个人和团队进行表彰，提升其社会地位和荣誉感。通过举办表彰大会、媒体宣传报道等途径，广泛传播他们的英勇事迹和无私奉献精神，营造尊重英雄、鼓励担当的良好社会氛围，进一步激励社会各界在面临危机时主动作为。

三是促进技术创新能力提升并给予研发支持。政府可通过设立专项研发补贴基金，针对应急技术与装备研发项目，提供直接资金支持。这些项目主要包括智能灾害预警系统、远程医疗救援设备、高效率搜救机器人、无人机监测技术、应急通信解决方案等。补贴的发放可以基于项目的技术创新程度、应用前景、社会影响力等因素综合考量，确保资金精准投向最具潜力的领域。此外，为了保护研发主体的创新成果，政府应建立健全应急技术知识产权保护体系。这包括提供专利申请费用补贴，减少研发单位的财务负担；开设快速审查通道，加速专利审核流程，缩短从研发到保护的时间周期；建立应急技术专利池，促进技术共享与授权，同时防止关键应急技术的海外流失。为了进一步激发社会各界对应急技术研发的热情，还可通过设立多层次的特别奖项体系。不仅对具有重大突破的应急技术给予高额奖金、荣誉表彰，还应设置进步奖、创新奖等，以表彰在特定领域或技术细节上取得显著进展的团队或个人。通过提供后续的研发资金支持、税收减免、政府采购优先权等经济激励措施，帮助获奖技术快速转化为实际应用，进入市场推广阶段，为构建更加高效、智能、有韧性的应急管理体系奠定坚实基础。

第四章
财税制度应对突发事件的域外实践

在当今复杂多变的社会环境中，全球频繁遭遇各种重大的突发事件，这些事件考验着各国政府的应变能力，显著增加了各国政府对高效化解公共风险的应急策略的需求。在此背景下，应急财税政策作为一种关键应对手段，通过审慎承担财政风险，能够有效缓解突发事件和公共危机带来的冲击，保障经济社会平稳运行。实践中，虽然各国政府高度重视运用财税制度力量应对突发事件带来的风险和挑战，包括临时性财税措施的出台和长效财税应对机制的建立。但是，由于不同国家的应急管理体制、经济发展水平、突发事件发生频率等因素的差异，财税应急机制的实践模式和效果通常参差不齐，这也凸显了应急策略制定与执行中的多样性和复杂性。

第一节　美国实践

由于较早进入工业化、城市化阶段，美国是各类突发事件发生较多的国家之一，同时也是突发事件应对机制较为健全的国家之一。历史上，美国曾多次遭受地震、飓风、龙卷风等自然灾害的侵袭，以及重大公共卫生事件、恐怖袭击事件等。在处理各种自然、人为与技术突发事件的过程中，美国不断调整应急理念和策略，完善应急管理体制机制，同时注重利用财税手段提高应对和处置突发事件的能力。

一、美国突发事件应急机制

美国是世界上较早建立应急管理体制的国家，也是应急管理经验研究和理论发展的中心，具备适用于联邦、州、地方政府、私人部门和非政府组织预防规划、指挥响应、减灾恢复的国家突发事件管理系统。❶ 概而言之，美国突发事件应急机制以联邦应急管理总署（Federal Emergency Management Agency，FEMA）为核心实施机构，以国家应急预案和相关法律为重要依托，强调统一管理、属地为主、分级响应和标准运行。

（一）设立联邦应急管理总署

美国联邦应急管理总署是一个重要的联邦政府机构，也是应急准备和响应的专门职能机构，作为国土安全部（Department of Homeland Security，DHS）的四大部门之一（四大部门分别负责边境和运输安全、应急准备和响应、信息分析与基础设施保护以及化学、生物、放射性和核威胁应对），其主要负责在美国境内进行灾害应急筹备、防护、救助和重建等国内安全事务的指挥和协调工作，并且下设应急准备部、缓解灾害影响部、应急反应部、

---

❶ 邹昀瑾，刘丛丛，张锐. 美国应急管理体制中的协同治理困境与出路 ［J］. 东北大学学报（社会科学版），2022（6）：59－68.

灾后恢复部、区域分局管理办公室五个职能部门。❶ 在应对国内灾害与紧急事件时，联邦应急管理总署不仅是一个协调军、警、消防、医疗及民间救援力量的核心机构，而且在防灾救灾资金的管理和分配方面扮演着重要角色。具体而言，联邦应急管理总署每年会通过常规拨款程序获得一部分资金，即通过国会审批的年度财政预算案进行分配，但大部分资金实际上是基于补充拨款程序获得的，是国会为应对重大突发事件而提供的。❷ 可以说，联邦应急管理总署对防灾救灾资金的运作与调配，紧密关联国家的财税政策与预算资金分配。当面临重大自然灾害或紧急事件时，联邦应急管理总署有权根据灾情严重程度及影响范围，向国会申请追加财政拨款，以确保救援与重建工作顺利进行。此外，联邦应急管理总署还负责管理多个与灾害相关的财税优惠政策和资金补助项目，如灾后个人与企业援助计划、灾害保险赔付以及鼓励私营部门参与灾后重建的税收优惠措施等。

通过参与应急财税政策实施，联邦应急管理总署能够确保救援资金的及时到位和高效利用，为受灾地区提供必要的物资、资金和技术支持。同时，该机构还积极推动财税政策的落实与完善，以适应不断变化的灾害应对需求，提升国家整体的防灾减灾能力。在跨部门合作与协同中，联邦应急管理总署还与财政部、国内收入署等部门保持密切沟通，参与制定和执行相关财税政策，确保突发事件来临时联邦政府能够通过层层分明的应急分工机制和紧密的部门协作机制快速作出反应。

（二）编制国家应急预案

国家应急预案作为国家层面的重大突发事件应急行动计划，有利于协调和指导联邦政府各机构在应对各类灾害和紧急事件时的行动，旨在通过一系列的应急活动，建立一个综合性的、全国性的、针对所有灾害的方案体系，包括预防、准备、应急和灾后恢复。1992 年，美国联邦应急管理总署、商务

---

❶ 贾群林，陈莉. 美国应急管理体制发展现状及特点 [J]. 中国应急管理，2019 (8)：62 - 64.

❷ FEMA's Disaster Relief Fund：Budgetary History and Projections [EB/OL]. [2024 - 06 - 21]. https：//www. cbo. gov/publication/58840.

部、国防部等多个部门和美国红十字会共同签署了《联邦应急预案》，综合了各联邦机构预防、应对突发紧急事件的措施，为各州和地方政府应对恐怖袭击、灾难事故和其他突发公共事件提供原则性指导。在此基础上，2004 年美国联邦政府发布了更为完备的《国家应急预案》。2008 年，《国家应急预案》经修订后升级为《国家应急框架》，明确了联邦政府、州政府、市政当局、商业界和非政府组织在突发事件应对中的作用和责任。整体来看，国家应急预案强调在重大突发事件发生的事前、事初、事中和事后，全方位调集和整合联邦政府资源、知识和能力，明确各类主体在灾害应对中的任务分工和行动协调机制，并规定灾害应对的流程和标准，同时具体阐述应急管理中的政策与计划设计的前提、运作纲领、应对和恢复行动，以及相关联邦政府部门和其他组织的职责，这些职责包括提供紧急援助、协调资源调配、保障公共安全、维护社会秩序等。

（三）颁布相关法律

不同国家对突发事件的定义和范围划分不同，美国将应对突发事件的相关法律主要分为灾害应急类、紧急事务类。在灾害应急法律框架下，财税政策通常体现为对受灾地区的税收减免、延期纳税、专项财政拨款等优惠措施。这些政策旨在减轻受灾企业和个人的经济负担，刺激经济活动，加速经济恢复。例如，《罗伯特·斯塔福法》等灾害应急法律中均包含相关条款，允许联邦政府为受灾地区提供税收激励，以鼓励私人投资和社会援助的流入。国家应急预案等综合性法律文件在规划应急响应和恢复工作时，也会考虑到财税政策的协调与配合，要求各级政府在应急事件中加强财政资源的统筹安排，确保紧急救援和重建资金的及时到位。在紧急事务管理方面，《全国紧急状态法》等法律虽然主要聚焦于政府行动的合法性和程序性规定，但同样为财税政策的运用提供了法律基础。在紧急状态下，政府需要采取特殊的财税措施来应对危机，如提高关税以保护国内产业、实施价格管制以稳定市场等，这些措施的合法性和合理性也都需要在紧急状态法的框架下进行审视和评估。

二、美国应对突发事件的财税政策

美国财政体制与其行政体制高度相适应,是典型的"财政联邦主义"国家,各级政府财政关系相对独立,各州也拥有较大的财政自主权。具体来说,在实行多级财政预算管理体制的条件下,一级政权对应一级预算主体,各级预算主体之间相对独立、自求平衡。预算主体分为联邦、州、地方三个层级,各级财政收入划分基于分税制进行,政府事权范围则按照政府职能边界划分,在事权范围基础上形成具体的预算支出责任。美国这种特殊的财政体制架构也决定了其在应急管理方面具有自身特点和独特优势,其应对突发事件的财税政策是一个多层次、综合性的完整体系,旨在迅速、有效地调动和管理财政资源,以减轻突发事件对社会经济的冲击。

(一)形成多元化应急资金体系

美国在"9·11"事件之后,加强了针对应急管理的资金投入力度,并且从多个渠道筹集资金,为应对突发事件提供了强大的资金后盾保障。这些应急资金的来源有以下几种。

第一,年度联邦政府财政预算。具体包括联邦层面每年的国家财政预算中对行政部门履行防灾救灾义务的资金和对专业突发事件救援机构联邦应急管理总署的预算经费。前者相当于政府的年度预备费,美国预算法案对此不设上限,预留了极大空间和弹性;后者为美国联邦应急管理总署的年度预算,专门用于应急救援机构的灾害预防、保护、反应、恢复和减灾,以及各灾种救援队日常食宿、训练等费用支出。

第二,灾难救助基金。这是联邦应急管理总署管理的主要基金,用于支持州和地方政府、部落政府以及符合条件的私人非营利组织在自然灾害,如飓风、洪水、地震等的应急响应和恢复工作中的开支。美国从联邦政府到各州、地方政府都设有专门的灾害救援资金预算,实行分级管理、分级负担、各负其责。❶

---

❶ 崔军,杨琪. 政府间应急财政责任分担机制的借鉴与启示:基于美国和澳大利亚的经验[J]. 中国行政管理,2013(5):86-90.

第三，公共卫生应急基金。这类基金通常由卫生与公众服务部（Department of Health and Human Services，HHS）管理，专用于突发公共卫生事件，如流行病暴发等。设立专门公共卫生基金，能够保证有关部门在第一时间调集资金用于应对突发公共卫生事件，具有高度的灵活性，是保证政府应急能力的重要财力来源。在遭受突发公共卫生事件威胁时，卫生与公众服务部可以将整个部门资金转入应急基金（没有金额限制但有资金比例限制）用以应急准备和应急响应。美国疾病控制与预防中心（Centers for Disease Control and Prevention，CDC）在2019年设立传染病快速反应储备基金用于预防、准备或应对国内或国际传染病突发公共卫生事件。

第四，网络安全与基础设施安全局（Cybersecurity and Infrastructure Security Agency，CISA）相关基金。针对网络安全事件，美国政府会设立或提议专门基金，以加强网络安全防护和应急响应能力。

第五，州和地方补助基金。联邦政府向州和地方政府提供的各类补助，用于支持地方层面的应急准备和响应能力提升，包括国土安全补助、紧急管理绩效补助、公共卫生应急准备合作协议等。其中，公共卫生应急准备合作协议计划提高了美国疾病控制与预防中心在发生突发公共卫生事件时向州、地方、部落和地区公共卫生机构提供资金的速度。

此外，美国疾病控制与预防中心还建立了公共卫生危机应对资助机制，以增强国家快速应对突发公共卫生事件的能力，旨在满足应对重大突发公共卫生事件时现有公共卫生计划的激增需求。2017年，美国疾病控制与预防中心发布《公共卫生危机应对资金机会通知》，建立事先紧急管理程序并进行资金支持。❶ 具体而言，其建立了"已批准但无资金"的应对资金接受者清单，显著提高了应对突发公共卫生事件的效率和精准度。❷ 美国疾病控制与预防中心在确定突发公共卫生事件已经发生或即将发生且资金可用时，会启

---

❶ 王泽彩. 美国、日本公共卫生应急管理财政政策的经验启示［N］. 经济观察报，2020 - 05 - 11（5）.

❷ CDC. Public health crisis response funding［EB/OL］.［2024 - 06 - 05］. https：//www.cdc.gov/ readiness/php/funding/index.html.

动此机制。例如，2018 年 2 月，美国国会批准并签署了 2018 年两党预算法案，该法案向美国疾病控制与预防中心拨款 2 亿美元飓风资金，美国疾病控制与预防中心将收到的 2 亿美元中的一部分用于响应、恢复、准备、缓解突发事件带来的冲击。当年，公共卫生危机应对合作协议上的 64 个辖区有资格申请飓风补充资金。"已批准但无资金"名单上的 9 个司法管辖区申请并获得了资助批准，美国疾病控制与预防中心向 9 个辖区提供了约 6450 万美元。❶ 2022 年，猴痘病毒在美国暴发后，美国政府宣布猴痘疫情为突发公共卫生事件。美国疾病控制与预防中心分两个阶段进行财政拨款作为猴痘疫情应对资金。❷ 这些资金将用于立即开展猴痘疫情防控工作，包括疫苗接种、社区参与、病例和聚集性调查、提高病例和疫苗接种数据报告的及时性和完整性，以及其他与猴痘疫情应对相关的活动。

（二）建立信贷应急响应机制

信贷应急响应机制是指金融机构为有效应对信贷业务中可能出现的风险和紧急情况，预先设计并实施的一系列措施和流程，旨在保障金融机构的稳健运营，降低信贷风险，减少潜在损失，并快速恢复正常信贷业务。美国《联邦储备法案》第 13 条第 3 款建立了紧急状态下的信贷应急响应机制。法案规定，联邦储备系统理事会获得不少于 5 名成员的赞成票后，可授权任何联邦储备银行在"异常和紧急情况下"，并在理事会确定的期限内，按照本法第 14 节第 d 款确定的利率，为银行实体以外的商业实体（包括个人、合伙企业和公司等）提供低息贷款、现金补贴、短期信贷工具等。2020 年 3 月，美国总统依据《罗伯特·斯塔福法》，宣布全美由于新冠疫情进入紧急状态，同时启动美国《联邦储备法案》第 13 条第 3 款中关于信贷支持的财税应急政策工具，以快速缓解疫情下的流动性压力。其他相关具体措施如下。

第一，低息贷款。2020 年 3 月，美国联邦储备系统将联邦基金利率大幅

---

❶ CDC. Hurricane funding ［EB/OL］. ［2024 – 06 – 05］. https：//www. cdc. gov/readiness/php/funding/hurricane – funding. html.

❷ CDC. Mpox funding ［EB/OL］. ［2024 – 06 – 05］. https：//www. cdc. gov/readiness/php/funding/mpox – funding. html.

下调至 0 ~ 0.25% 区间，同时根据总统签署的总价 83 亿美元的紧急法案，为受疫情影响的小企业发放高达 70 亿美元的低息贷款。❶ 第二，现金补贴。为应对新冠疫情对美国企业、个人和家庭造成的经济影响，2020 年 3 月，美国国会通过了《新冠病毒援助、救济与经济安全法案》，其中宣布对符合条件的纳税人按照每人（单身纳税人）最高 1200 美元、夫妻合计 2400 美元，如有子女，每个孩子可获得 500 美元的补偿。❷ 该法案于 2020 年 7 月到期后，美国联邦政府又提出了《健康、经济援助、责任担保和学校法案》继续对国民进行财政帮扶。❸ 第三，短期信贷工具。建立商业票据融资便利机制，以支持美国家庭及企业的短期流动性需求；建立一级交易商工具，提供短期贷款，向有合格担保物的一级交易商提供最长 90 天的贷款，并在条件允许的情况下适当延长贷款期限；建立货币市场基金流动性融资工具，承接货币市场基金的抛售。

（三）提供税收扶持政策

自 1789 年起，美国国会就提出了各种形式的税收减免政策以应对突发事件，早期的美国《国内收入法典》就规定了火灾、风暴、沉船或者其他灾害性事故所造成的损失允许税前扣除。根据美国《国家灾难救济法》，受灾害影响的纳税人可以享受包括延期纳税、税收减免、调整扣除和亏损弥补标准等在内的"税收优惠包"。❹ 美国历史上发生重大突发事件后，联邦政府都会积极响应制定相关的税收扶持政策。"卡特里娜"飓风是美国历史上造成经济损失特别严重的一次自然灾害。❺ 在"卡特里娜"飓风登陆近一个月后，美国国会就迅速批准了援助"卡特里娜"飓风受害者的税收相关立法，包括

❶ 佚名. 特朗普签署 83 亿美元紧急支出法案 以应对新冠肺炎疫情 ［EB/OL］. （2020 – 03 – 06）［2024 – 06 – 21］. https：//m. haiwainet. cn/middle/3541093/2020/0306/content_31736351_1. html.

❷ 康军，刘致远. 美国 CARES 法案对企业和个人的税收救济与税收优惠 ［EB/OL］. （2020 – 03 – 30）［2024 – 06 – 21］. https：//www. kwm. com/cn/zh/insights/latest – thinking/business – and – individual – tax – relief – and – benefits – in – th – cares – act. html.

❸ 舒致远. 应对新冠肺炎疫情财政政策的国际比较与借鉴 ［J］. 财政科学，2020（10）：122 – 128.

❹ 张丹，牛涛，李飞，等. 应对自然灾害：有必要探索常态化税收应急政策 ［N］. 中国税务报，2021 – 11 – 19（4）.

❺ 肖渝. 美国灾害管理百年经验谈：城市规划防灾减灾 ［J］. 科技导报，2017（5）：24 – 30.

2005 年《"卡特里娜"飓风紧急税收减免法案》和 2005 年《海湾机会区法案》，旨在通过临时性的税收减免措施帮助飓风受害者重建家园、恢复财产、获得住房和找到工作。上述法案中规定的具体税收措施有：向"卡特里娜"飓风受害者提供至少 60 天免租住房的人都可以获得减税优惠；债务减免不征税；飓风造成的财产（如房屋）损失允许税前全额扣除；延长纳税期限；企业和个人用于飓风救灾工作的捐赠资金允许税前全额扣除；雇用飓风受害者的企业可享受多项税收减免；飓风受灾区小企业的员工可以享受税收减免。❶

（四）出台税收应急政策

近年来，美国已经形成一套成熟的突发事件税收应急机制。一般来说，当达到联邦应急管理总署的某些标准时，美国国税局可以批准实施灾难救济并启动税收应急方案，为受到灾难影响的纳税人提供额外的时间来提交申报表、解缴税款和执行某些其他短期内受突发事件影响无法完成的事项。该税收应急机制的具体流程如下。

第一，美国总统根据《罗伯特·斯塔福法》发布紧急声明或重大灾害声明。紧急声明将补充说明州和地方或印第安部落政府在提供如保护生命、财产、公共卫生和安全，或减轻及避免美国任何地方发生灾难的威胁等紧急服务方面的不足。重大灾害声明包括个人援助声明和公共援助声明，前者为个人和家庭提供援助，后者向州、部落和地方政府以及某些私人非营利组织提供援助，援助将用于紧急工作以及修复或更换受灾设施。

第二，联邦应急管理总署应受影响州州长的要求，进行初步损失评估，确定受灾程度并出具评估结果报告，该项评估结果将有助于国税局确定灾害税收减免力度和延期纳税期限等。之后，联邦应急管理总署将发布灾难声明，确定需要救济的覆盖区域。

第三，根据《意外事故、灾难和盗窃工作手册》规定，对联邦政府宣布的受到灾难影响的纳税人，国税局可以推迟其某些纳税截止日期，最多推迟

---

❶ Katrina Tax Relief Act in Plain English ［EB/OL］. （2015 - 01 - 13）［2024 - 06 - 21］. https：//www.foxnews.com/story/katrina - tax - relief - act - in - plain - english.

一年。国税局可推迟的纳税截止日期包括提交所得税、消费税和就业税报税表的截止日期；缴纳所得税、消费税和就业税的截止日期；向传统个人退休账户或罗斯个人退休账户❶供款的截止日期。如果任何税收截止日期被推迟，国税局将在官网发布新闻稿，必要时还将在内部税收公告中的税收裁决、税务手续指南、通知、公告或其他指导意见中公布相关信息。同时，美国国税局授权为灾难受害者提供延期申报和缴纳税款、税收减免、调整扣除和亏损弥补标准等较为全面的税收帮扶服务。❷ 例如，2024 年 2 月，美国国税局宣布对缅因州部分地区受 2023 年 12 月 17 日开始的严重风暴和洪水影响的个人和企业实行税收减免。明确给予该地区纳税人延期申报和缴纳税款的支持，对 2023 年 12 月 17 日之后至 2024 年 6 月 17 日前发生的各类申报和缴税截止日期全部推迟至 2024 年 6 月 17 日，若受影响的纳税人收到国税局发出的逾期申报或逾期付款罚款通知，而该通知的原始申报、付款或存款到期日恰好在延期期限内，纳税人有权要求国税局减免罚款。❸ 税收减免方面，在美国联邦政府认定的灾区中，受影响的纳税人可以选择在突发事件发生当年或上一年的联邦所得税申报表上申报与灾害有关的伤亡损失，以获得税收减免，个人可以扣除保险或其他报销范围之外的个人财产损失。美国国税局会自动识别位于灾区的纳税人并受理申报，居住在受灾地区以外的受灾纳税人需自行致电美国国税局灾难热线以申请税收减免。同时，根据政策规定，所有纳税人都有权利申请在税前扣除灾害损失，符合条件的净经营亏损可以向前 5 个纳税年度结转，允许企业纳税人扣除符合条件的灾后清理费用，并允许其在正常折旧额之外加计扣除。

---

❶ 个人退休账户（individual retirement accounts，IRA）是一项由美国政府通过税收优惠政策发起、个人自愿建立的养老金制度，其性质与我国个人养老金账户相似度较高。美国个人退休账户主要包括传统个人退休账户（traditional IRA）和罗斯个人退休账户（Roth IRA）两大类，这两类账户的税收优惠计算方式不同。

❷ 关于第 547 号刊物，意外事故、灾难和盗窃［EB/OL］.［2024 – 07 – 21］. https：//www. irs. gov/zh – hans/forms – pubs/about – publication – 547.

❸ IRS announces tax relief for taxpayers impacted by severe storms and flooding in Maine［EB/OL］.（2024 – 02 – 05）［2024 – 07 – 21］. https：//www. irs. gov/newsroom/irs – announces – tax – relief – for – taxpayers – impacted – by – severe – storms – and – flooding – in – maine.

第二节　日本实践

日本作为世界经济强国之一，同样拥有相对健全的突发事件应对机制。由于自身所处的特殊地理位置，日本成为地震、海啸、台风、火山爆发等自然灾害频发的国家，有"地震之国""火山之国"之称。面对各种突发事件特别是自然灾害的严峻挑战，日本各级政府高度重视防灾减灾工作，形成了特色鲜明、成效显著的应急管理体系。与此同时，日本也逐渐建立并完善形成了一套高效的突发事件财税应对体系。这一体系不仅涵盖了灾害预警、紧急救援、灾后重建等多个环节，还充分发挥了财税政策的应急保障作用，为应对突发事件提供了坚实的物质基础和资金支持。通过长期反复的实践探索，日本在突发事件的财税制度应对方面积累了较为丰富的经验。

一、日本突发事件应急法律体系

作为灾害多发的国家，日本在长期的抗灾救灾过程中，逐渐形成了一套较为体系化的灾害应急管理法律，为日本各级政府积极、有效应对各类灾害性突发事件提供了强有力的法律保障。从更广泛的范围看，日本有关灾害的法律很多，提及灾害的法律就有 1150 部以上，主要法律也超过了 100 部。❶相关法律具体可分为五大类，即基本法类、灾害预防和防灾规划法类、灾害紧急应对法类、灾后重建和恢复法类、灾害管理组织法类。《灾害对策基本法》是日本灾害应对领域的基本法，有"抗灾宪法"之称，其确立了灾害预防、减轻、应急响应和灾后重建的基本原则和政策框架，规定了中央政府、地方政府、公民团体及企业的角色和责任，确保灾害应急管理工作的统一指挥和协调。❷值得注意的是，《灾害对策基本法》第七章"财政金融措施"以

---

❶ 师尚红，李艳强. 日本灾害应急管理法律体系研究及其启示 [J]. 城市与减灾，2024 (3)：56 – 60.

❷ 刘艳，秦锐. 日本防灾减灾法律对策体制对我国的启示 [J]. 法律适用，2011 (6)：115 – 117.

专章的形式特别规定了灾害应对的财政和金融对策，涉及应急费用承担、特别财政援助、财政补偿、灾害融资等内容。此外，日本政府还制定了《备荒储备法》《治山治水紧急措施法》《土砂灾害防止法》《大规模地震对策特别措施法》《新型流感对策特别措施法》等针对各类不同灾害的专门性法律。在灾后重建方面，《灾害救助法》《受灾者生活再建支援法》《灾害抚恤金支付法》《严重灾害特别财政援助法》等法律对重大灾害发生后灾民的生活救助、经费保障、抚慰金发放等事宜作出了具体规定。上述这些立法共同构成了日本应对突发事件的基本法律框架。具体到财税方面，日本针对一些特定的灾害出台专门的财税措施规定。例如，针对 1995 年的阪神大地震，日本出台《阪神、淡路大地震处置特别财政援助与资助法》。类似地，2020 年为帮助受新冠疫情影响的个人和法人纳税主体，日本政府颁布实施了《紧急税收措施法》。

二、日本突发事件分级应急机制

经历过一系列严重突发事件，日本加强了危机管理工作，制定了一系列常态化的长效应急机制，确立了由紧急对策机构与专门防灾机关、综合防灾会议共同组织的指挥决策系统，逐步建立起一套从中央到地方权责清晰的危机管理体制。❶ 日本危机管理体制纵向分为中央、都道府县、市町村三级管理体制，由常设机构（各层级防灾会议）和临时机构（各层级对策本部）组成。

在国家层面，内阁总理大臣担任最高指挥官，负责全面指导危机应对工作。内阁官员则负责整体联络协调，确保各部门之间的信息畅通和协同作战。为了制定有效的危机对策，日本设立了安全保障会议和中央防灾会议等决策机构，这些机构由内阁总理大臣领导，成员包括内阁成员、公共机构负责人等。❷ 这些决策机构会根据危机的类型、性质和严重程度，制定具体的应对方案和政策措施。在实施阶段，国土厅、气象厅、防卫厅、消防厅等部门将

---

❶ 刘轩. 日本灾害危机管理的紧急对策体制 [J]. 南开学报（哲学社会科学版），2016（6）：93 – 103.

❷ 王德迅. 日本危机管理体制的演进及其特点 [J]. 国际经济评论，2007（2）：46 – 50.

按照各自职责，负责具体的危机应对工作。这些部门会根据危机对策的指示和要求，迅速启动应急预案，组织人员、物资和装备等资源，开展救援、抢险、防疫、恢复重建等工作。同时，各部门之间也会保持密切沟通和协作，确保危机应对工作的顺利进行。一旦危机发生，内阁会根据危机的类型启动不同的危机管理部门。另外，在首相官邸的地下一层，日本政府建立了全国危机管理中心，用于指挥应对包括战争、恐怖袭击、自然灾害在内的所有突发事件。该中心在日本政府的危机管理体制中扮演了核心角色，负责协调和指导全国范围内的危机应对工作。除此之外，日本许多政府部门也都设有负责危机管理的处室，这有利于从国家安全、社会治安、自然灾害等不同方面建立防灾救灾体系。●

三、日本应对突发事件的财税政策

日本的突发事件财税应急政策建立在政府危机管理体系的框架之下，以相关法律法规为依托，综合运用多种财税政策工具以及配套金融工具，形成了从中央到地方集中统一领导的财税机制保障。

（一）运用"复兴特别会计"财政工具

"复兴特别会计"是日本政府为了应对特定紧急情况或灾害而设立的特别会计账户，旨在通过财政手段迅速有效地支持灾后重建和经济复苏。该账户的资金来源包括政府预算拨款、借款和捐款等。日本政府在应对突发事件时，会灵活运用"复兴特别会计"这一财政工具来提供财政支持和资金援助。"复兴特别会计"作为一个独立于常规国家预算之外的特别账户，可以专门用于灾后重建和恢复工作，不受年度预算限制，确保了资金的持续供应。❷ 另外，"复兴特别会计"的资金来源多样，包括但不限于国家财政拨款、国债发行、特别税种的增设或调整、国内外捐款等，这为大规模重建提供了充足的资金基础。

---

❶ 乐绍延, 许缘. 综述: 日本建立完备的防灾救灾体系 [EB/OL]. (2014-08-07) [2023-11-20]. http://www.xinhuanet.com/world/2014-08/07/c_1111979518.htm.

❷ 张舒英. 日本的灾后重建缘何深陷财政困局 [J]. 日本学刊, 2011 (4): 17-32.

因此，通过"复兴特别会计"，政府能够优先确保基础设施修复、居民住宅重建、产业复兴、心理关怀服务等重建项目的资金需求得到满足。

在灵活运用"复兴特别会计"时，日本政府通常遵循以下原则：第一，迅速响应。在突发事件发生后，政府会迅速启动"复兴特别会计"，确保资金及时到位，满足受灾地区的紧急需求。第二，精准投放。根据受灾地区的实际情况和需要，政府会精准投放资金，确保资金用于最需要的地方，实现资源的优化配置。第三，严格监管。政府会加强对"复兴特别会计"资金的监管和审计，确保资金使用的合规性和有效性，防止浪费和滥用。第四，透明公开。政府会及时公布"复兴特别会计"的使用情况和效果，接受社会监督，确保资金使用的透明度和公正性。

（二）设立灾害救助基金

日本《灾害对策基本法》和《灾害救助法》规定灾害救助基金主要由地方政府按照前三年度地方税收平均数的千分之五的标准（最少不能低于500万日元），从地方政府财政收入中提供相应经费纳入该基金。灾害救助基金的其他来源包括地方政府的财政拨款、国家的灾害救助预算以及其他合法收入。这些资金主要用于受灾地区的重建工作、灾民的生活支援、救援设备的采购和维修等方面。在灾害救助基金的分配和使用上，《灾害救助法》规定了明确的程序和原则。首先，地方政府需要根据灾情评估结果，制定灾害救助基金的分配方案，并报请上级政府批准。其次，在资金的使用过程中，需要严格遵守相关法律法规和财务规定，确保资金的专款专用和有效使用。此外，《灾害救助法》还规定了中央政府和地方政府在灾害救助中的责任分担机制。当地方政府面临资金困难时，可以向中央政府申请灾害救助预算的补贴和支持。当灾害救助资金的储备不足以应对突发事件时，地方政府还可以根据法律法规发行地方政府债券以弥补灾害救助基金在应对突发事件中的资金空缺。

（三）提供贷款贴息和担保

第一，政府提供贷款贴息。1950年成立的日本住宅金融公库，作为当时国内融资规模首屈一指的政策性金融机构，其核心任务是应对全国范围内的住房供应短缺问题。此外，该公库还肩负着"灾害复兴住宅融资"的重要职责，专门为在灾害中住宅受损的居民提供专业的金融服务，助力他们的住房重建工作。日本灾害复兴住宅融资包括灾后自建住宅融资、灾后购买住宅融资、灾后修缮住宅融资、灾后宅地融资等多种产品，凡是受灾的本国居民及获得日本永久居住权的外国居民，包括受损住宅的所有者、居住者、租赁人以及以上受灾者的亲属，均可提出融资申请。与日本商业性金融及其他金融产品相比，日本的灾害复兴住宅融资政策，其特点显著，具体体现在以下几方面：一是利率优惠显著。提供的贷款利率远低于市场平均水平，并且利率保持长期稳定，不受市场波动影响，可以确保借款人在整个贷款周期内负担可控。二是长期限与稳定性。贷款期限相较于普通商业贷款有所延长，为借款人提供了更为宽裕的还款时间，有利于长期规划与重建工作的稳步进行。三是宽限期设计。特别设置资金宽限期，在此期间借款人无须偿还本金，这为恢复生活和重建工作赢得了宝贵的时间窗口。四是申请流程高效。建立了特别的绿色审批通道，大幅度简化贷款申请步骤，确保受灾居民能迅速获得重建所需资金，加速恢复进程。五是灵活还款安排。还款方式灵活，除使用常规工资还款外，借款人还可以利用奖金参与还贷。对特别困难的情况，如已破产的居民，可能免除部分乃至全部债务，而对再次遭遇灾害的居民，则提供上一次贷款的减免服务，减轻其财务重担。❶ 例如，日本阪神大地震后，金融机构采取了对原有住房贷款实行缓缴、减少贷款利息等方式，以减轻那些没有参加地震保险的灾民负担。同时，日本政府通过住宅金融公库向企业提供日本灾后复兴住宅融资，扩充对已借款者的救济措施，并对重建灾民的住宅贷款予以部分贴息。相关措施为：日本政府向企业提供赈灾恢复特别资金融资，给予企业财政利息补贴，偿还期限为 10 年。住宅金融公库向居民提供低息住房抵押贷款，并给予贴息，并且规定如果住房半损，每户可贷款 170 万日元；住房全损，每户可贷款 250 万日元，3 年内还清即可

---

❶ 佚名. 災害復興住宅融資のご案内 [EB/OL]. [2024-06-25]. https://www.jhf.go.jp/files/100166098.pdf.

免息。❶

第二，政府提供担保。一直以来，日本政府着力优化中小微企业发展的法律政策，先后出台或修订《中小微企业现代化促进法》《中小微企业基本法》等多部法律，以改善融资环境。❷ 通常经历过重大突发事件后民众恢复正常的生产经营活动都需要大笔资金支持，但由于事后许多经济主体遭受重大损失，回到赤贫状态的民众申请贷款时无法提供有效的抵押担保物。因此，日本政府建立了灾后政府担保机制，为受灾地区的企业和个人提供贷款担保、融资担保、保险赔付担保等。例如，2011 年"3·11"日本大地震及福岛第一核电站事故后，日本政府提升了对原子能损害赔偿支援机构的担保额度，从 2 万亿日元提升至 5 万亿日元。❸ 这一举措旨在确保有足够的资金来推进赔偿工作，减轻核电站运营商东京电力公司的财务压力，并保障受害者权益。这种担保机制也可以降低金融机构的流动性风险，提高它们向受灾地区提供贷款和融资的积极性。同时，担保机制还可以帮助受灾地区的企业和个人更容易地获得融资支持，加速灾后重建和恢复进程。

（四）实施紧急纾困税制

第一，延期纳税。该政策主要适用于那些因突发事件（如自然灾害、疾病疫情等）导致总收入明显下降的企业或个人。例如，在新冠疫情期间，日本政府允许符合条件的企业和个人延期缴纳国税、地方税和社会保障费。如果纳税人的总收入在某一时期（通常为一个月或更长时间）与上年同期相比降幅超过 20%，且难以缴纳税款或社会保障款，可以申请将付款时间延长最多一年。申请时无须提供担保，且可免除所有迟延税。此外，针对因灾情遭受财产损失，个人事业经营者本人或家人感染病患、事业终止或休业、业务遭到显著重创等"特别情形"，日本政府提供了类似的延期纳税政策。符合

❶ 席卫群. 应对突发公共事件的财税政策研究 [J]. 财政科学，2020 (5)：14 - 25.

❷ 刘磊，李欣，钱晶，等. 日本、加拿大等国：支持中小企业以降税率为主 [N]. 中国税务报，2022 - 04 - 06 (8).

❸ 佚名. 日本政府拟提升对核事故赔偿支援机构的担保额度 [EB/OL]. (2011 - 12 - 10) [2024 - 06 - 25]. http：//news. enorth. com. cn/system/2011/12/10/008290909. shtml.

这些情形的纳税人同样可以获得一年延期，并免除部分或所有迟延税，但申请时原则上需要提供担保。❶

第二，税收减免。日本在应对突发事件时，会采取一系列的减税和免税政策来支持企业和个人，以减轻纳税主体的经济负担并促进经济的恢复。减税政策主要包含所得税减免、法人税减免、固定资产税减免等。❷ 一是所得税减免。政府会降低个人所得税的税率或提高免税额度，以减少纳税人的税负。例如，在新冠疫情期间，日本政府提出了对符合条件的纳税人减免一定额度的所得税的措施。二是法人税减免。对于受突发事件影响的企业，政府可能降低法人税的税率或提供税收抵免优惠，以支持企业的运营和恢复。三是固定资产税减免。在新冠疫情期间，日本政府针对利润下跌超过50%的中小企业，计划全额免除涉及设备和建筑物的固定资产税；对于利润下降30% ~50%的中小企业，税金将减免50%。❸ 除以上税收减免措施外，在新冠疫情背景下，日本政府还出台了其他特殊的税收政策。例如，针对纳税主体某一项特定收入的免税政策。日本政府对外国游客在日本综合度假村的赌博收入实施免税政策，以尽快走出疫情阴霾，提升日本旅游业的国际竞争力。又如，日本政府对纳税主体的某一项投资支出实施减税政策，将远程办公设备采购等与企业数字化转型相关的投资行为纳入中小企业的现有税收优惠范围。总体上看，新冠疫情对日本新一轮税制改革产生了较大的推动作用，使税制改革的目标逐渐转向国民经济恢复。

第三节　欧盟实践

欧盟作为世界上最大的经济区之一，面临着多样且复杂的突发事件挑战，

---

❶ 国税局的法人税延期缴纳申请政策 ［EB/OL］. (2020 – 05 – 18) ［2024 – 06 – 25］. https：// miraic – inbound. com/topics/1287/.

❷ 葛敬书，毕凌波，邱晓峰. 日本税制改革新动向及对我国的启示 ［J］. 国际税收，2021 (5)：30 – 35.

❸ 郑瑾. 日本政府计划面向受疫情影响收益下跌的中小企业减免固定资产税 ［EB/OL］. (2020 – 04 – 02) ［2024 – 06 – 25］. http：//japan. people. com. cn/n1/2020/0402/c35421 – 31659570. html.

包括自然灾害、公共卫生危机、恐怖袭击以及经济与金融动荡等。鉴于成员国间紧密的经济联系和开放的边境政策，欧盟在应对这些挑战时，发展出了一套跨国家、多层次的突发事件财税应对体系，该体系不仅是对单一国家应急机制的补充，更是国际合作与协调的典范。

一、欧盟突发事件应急协调机制

协调是组织分工的内在要求和必然产物，建立有效的应急协调机制是成功应对突发事件的重要保障。[1] 作为由多个国家共同组成的区域性国际组织，欧盟在应对突发事件时无疑充当着应急指挥者和协调者的角色。欧盟地区应急管理的一大突出特点是很多跨境突发事件的处置需要各成员国共同参与，协同应对。[2] 欧盟民事保护机制是欧盟内部为了更有效地处理自然灾害、重大事故、公共卫生危机等紧急情况而建立的一个合作框架，该合作框架由欧盟应急响应机制、欧盟灾害风险管理机制等组成，有利于整合各国有限的应急资源，加强成员国之间的应急协调与合作，确保在紧急状况下能够迅速且高效地提供援助。[3] 目前，欧盟民事保护机制不仅覆盖了所有欧盟成员国，还延伸到挪威、塞尔维亚、土耳其等 10 个其他国家。自 2001 年成立以来，欧盟民事保护机制已经响应来自欧盟内外的 700 多次援助请求，每年具体的响应情况，如图 4 - 1 所示。以 2023 年为例，该机制启动了 66 次，以应对俄乌冲突、欧洲野火、叙利亚和土耳其地震等。[4]

---

[1] 李玮，孙磊. 应急协调的逻辑与模式分析：来自新冠肺炎疫情响应协调实践的启示 [J]. 复旦公共行政评论，2022 (2)：144 - 161.

[2] 曹海峰. 欧盟重大突发事件应急协调机制及其借鉴 [J]. 中州学刊，2016 (12)：60 - 67.

[3] 钟开斌. 应对跨境突发事件：欧盟民事保护机制的经验与启示 [J]. 国家行政学院学报，2013 (5)：112 - 116.

[4] European Commission. EU Civil Protection Mechanism [EB/OL]. [2024 - 06 - 25]. https：// civil - protection - humanitarian - aid. ec. europa. eu/what/civil - protection/eu - civil - protection - mechanism_ en#facts - - figures.

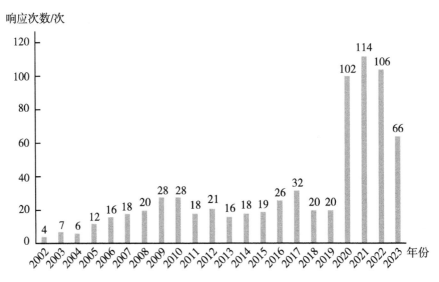

图4-1 欧盟民事保护机制每年响应的援助请求次数

资料来源：European Commission. Civil protection［EB/OL］.［2024-06-25］. https：//civil-protection-humanitarian-aid. ec. europa. eu/what/civil-protection_en.

从应急响应的基本类型看，欧盟民事保护机制已经多次在应对各种自然灾害、技术事故和人为事件时发挥了重要作用，其中响应援助请求最多的是在医疗和疫情领域，如图4-2所示。

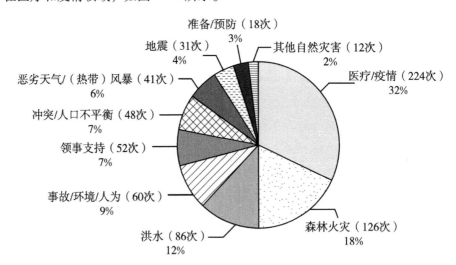

图4-2 欧盟民事保护机制每年响应的援助请求类型

资料来源：European Commission. Civil protection［EB/OL］.［2024-06-25］. https：// civil-protection-humanitarian-aid. ec. europa. eu/what/civil-protection_en.

第一，欧盟应急响应机制。2013 年 5 月 15 日，欧盟为了应对突发事件，正式启用了应急响应协调中心（Emergency Response Coordination Centre，ERCC），以应急响应协调中心取代和升级了以前的监测和信息中心（Monitoring and Information Center，MIC）。应急响应协调中心位于比利时布鲁塞尔，是欧洲民事保护机制运作的心脏，也是欧盟委员会的一个核心机构，主要负责协调欧盟层面的紧急情况管理和灾害响应工作。该中心旨在促进欧盟成员国及其他参与国在面临自然灾害、重大事故或其他紧急情况时的相互援助，例如，提供救济物品、专业知识、民防小组和专业设备等。该中心确保快速部署紧急支持措施，并充当所有欧盟成员国、若干参与国、受影响国家以及民防和人道主义专家之间的协调者。应急响应协调中心每周 7 天、每天 24 小时运作，可以快速及时地应国家当局或联合国机构的要求帮助欧盟境内或境外受重大灾难影响的国家处理突发事件。

第二，欧盟灾害风险管理机制。欧盟为了应对和管理各种自然和人为灾害风险，制定了一套较为全面、系统的指导性政策框架，鼓励成员国通过建立预警系统、加强监测和防控能力、提高公众风险防范意识和参与度、推进灾情信息共享等措施来提升灾害风险应对能力。2023 年，欧盟委员会和欧盟成员国共同制定了五项基本抗灾目标，用以指导防灾和备灾活动。这五项目标具体包括：预期——改进风险评估、预测和灾害风险管理规划；准备——提高民众的风险意识；警报——加强早期预警；响应——增强欧盟民事保护机制的应对能力；安全——确保民防系统始终发挥作用。

二、欧盟应对突发事件的财税政策

（一）设立欧盟团结基金

欧盟团结基金的设立主要是为了向遭受严重自然灾害的欧盟成员国和加入国提供长期财政支持，并为遭受自然灾害影响的公民和地区提供救济。该基金起初是为应对 2002 年夏季中欧的严重洪灾而设立的，从那时起，它成为欧盟灾后恢复的主要工具之一。该基金体现了欧盟成员国之间的团结精神，确保当某个地区遭受严重自然灾害打击时，可以获得来自整个欧盟的资金支持。2020年，为了应对新冠疫情的暴发和满足相关公共卫生危机应对的迫切需要，欧盟团结基金覆盖范围扩大到重大突发公共卫生事件。欧盟团结基金的主要特点和运作方式包括以下几个方面。

一是基金预算方面。欧盟团结基金的援助每年最多可以筹集5亿欧元（按2011年价格计算），加上上一年的未动用拨款，该拨款将在欧盟正常预算之外筹集。另外，每年10月1日必须保留其中1/4的款项，以满足到年底的可能需求，在特殊情况下，如果今年剩余资源不足，则可以从下一年的预算中弥补短缺。❶

二是申请条件方面。欧盟团结基金的援助可以应成员国或新加入国家的要求启动，前提是这些国家的一个或多个地区因自然灾害或突发公共卫生事件遭受严重影响。其中，重大或区域性自然灾害是指导致直接损失估计超过30亿欧元（以2011年价格为基数），或超过其国民总收入0.6%的任何自然灾害。重大突发公共卫生事件是对人类健康构成严重威胁，需要采取紧急控制措施以防止进一步扩散，并且因采取应急措施导致公共财政负担巨大的事件。这里的财政负担巨大的衡量标准是指按2011年价格计算负担超过15亿欧元，或超过国民总收入的0.3%。❷

三是基金援助方面。援助应采取基金捐款的形式。对每一次符合条件的灾害或紧急情况，应向符合条件的国家提供一笔财政捐款。该基金的目的是补充有关国家的突发事件应对资金，并支付其部分公共支出，以帮助符合条件的国家开展必要的紧急和恢复行动。另外，相关国家在向委员会提交基金捐款申请时，可要求支付预付款。预付款金额不得超过预期出资金额的25%，在任何情况下均不得超过1亿欧元。一旦确定了财政捐款的确定数额，委员会应在支付财政捐款余额之前考虑预付款的总额，同时委员会应收回不当支付的预付款。

---

❶ European Commission. EU Solidarity Fund［EB/OL］.［2024 - 06 - 25］. https：//ec. europa. eu/regional_policy/funding/solidarity - fund_en.

❷ Council Regulation（EC）No 2012/2002［EB/OL］.［2024 - 06 - 25］. https：//eur - lex. europa. eu/legal - content/EN/TXT/HTML/？ uri = CELEX：02002R2012 - 20200401&qid = 1601971117690.

四是事后监督。受益国应提交一份关于财政捐款执行情况的报告，并说明支出的理由，还须说明因发生有关业务收到的任何其他资金来源，包括保险理赔和第三方的赔偿。受益国应确保在基金援助结束后三年内，向委员会和审计法院提供关于相关款项支出的所有证明文件。

（二）构建信贷应急机制

欧盟在应对突发事件时，信贷应急机制是其多层面响应策略的一部分，旨在为受事件影响的成员国、企业和民众提供及时的金融支持。以下是一些关键的信贷应急机制和工具。

一是欧洲投资银行（European Investment Bank，EIB）的紧急响应。欧洲投资银行是欧盟的主要借贷机构，它可以在危急时刻迅速调整其贷款政策和程序，为受突发事件影响的成员国提供紧急贷款。针对特定危机，如新冠疫情，欧洲投资银行会设立专项基金或增加信贷额度，专门用于支持医疗卫生系统、中小企业经营、关键基础设施建设或研究与创新项目，以促进经济和社会的快速恢复。例如，在新冠疫情期间，欧洲投资银行启动了专项贷款计划，支持医疗保健系统的升级、中小企业流动性资金需求，以及受创经济部门的恢复。

二是欧洲稳定机制的预防性和紧急信贷额度。虽然欧洲稳定机制主要是为了解决欧元区成员国的主权债务危机，但在特定情况下，它也能提供预防性信贷额度，帮助成员国在面临市场压力之前增强其财政韧性。在紧急情况下欧洲稳定机制会向遇到财政困难的成员国提供直接贷款，但须遵守严格的经济和财政改革条件，也会向面临潜在金融不稳定风险的成员国提供有条件信贷额度，充当防止危机升级的安全网。在特定危机情况下，欧盟会设立临时性的信贷支持计划，如疫情期间推出的"紧急状态下支持就业的临时工具"，通过国际资本市场筹集资金，以优惠条件为成员国提供贷款，以降低紧急状况下的失业风险。

三是复苏和恢复基金。复苏和恢复基金是欧盟为应对新冠疫情后的经济复苏而设立的一个财政工具。该工具旨在支持成员国加快从疫情危机中恢复，同时提高经济和社会复原力，以应对未来的挑战。复苏和恢复基金是欧盟

2020—2021 年复苏计划的一部分，该计划是欧盟历史上最大的刺激计划之一，旨在通过增加公共和私人投资来推动经济复苏和增长。复苏和恢复基金作为该计划的核心组成部分，为成员国提供了直接的资金支持，以用于应对疫情造成的社会和经济冲击。复苏和恢复基金的资金来源包括欧盟预算、欧洲稳定机制和欧洲投资银行的贷款等。这些资金以赠款和贷款的形式提供给成员国，以支持它们在各个领域（如卫生、教育、数字化转型、绿色转型等）的投资和改革。为了确保复苏和恢复基金资金的有效使用，欧盟设定了一系列的条件和标准，包括成员国需要制定详细的改革和投资计划，并承诺实现一定的改革目标。此外，欧盟还设立了专门的监测和评估机制，以确保资金使用的透明度和效率。

四是担保计划。欧盟各国为了帮助受到突发事件严重冲击的主体快速恢复生产生活，会根据自身国情和经济情况向符合条件的主体提供担保，帮助其获得过渡性贷款。例如，新冠疫情期间，瑞士联邦委员会为了确保受新冠疫情影响的中小企业能够迅速从银行获得必要的过渡性贷款支持，决定推出一项总额高达 200 亿瑞士法郎的担保计划。受影响的公司能迅速且便捷地获得相当于其营业额 10% 的信贷额度，上限为 2000 万瑞士法郎。对金额不超过 50 万瑞士法郎的款项，银行将立即支付，并由瑞士联邦提供全额担保。对超过这一数额的贷款，瑞士联邦将承担 85% 的担保责任，同时银行需进行程序简短的资质审查。❶

第四节　经验启示

一、建立完备的应急法律体系

突发事件应急管理机制建设是一个长期、细致、体系化的过程，同样，

---

❶ 刘瑜，罗万金，杨霞．全球"战疫"背景下欧洲财税新政梳理及启示［J］．甘肃金融，2020（7）：34 - 36.

应急财政运行的稳健性与可持续性也需要长效机制提供全面有力的保障。为有效应对突发事件，多国已构建较为全面的法律框架作为支撑。在美国，如《罗伯特·斯塔福法》和《国家应急预案》等法律文件，为应急响应提供了明确的法律框架。在日本，则通过《灾害对策基本法》等法律，确立了灾害救助的法制基础。这些法律体系不仅明确了在危机面前的行动蓝图，还确保了应急行动的合法性与高效性。它们不仅详细界定了突发事件的分类，还明确了应急响应的级别划分，以及各级政府和相关部门在应急事件中的职责和权力分配。促进了应急资源的迅速集结与有效分配，为决策者提供了清晰的行动指引，使得应急响应更为有序且有力。通过法律手段，各国在应对突发事件时能够迅速、有效地采取行动，最大限度地减少人员伤亡和财产损失，保障了国家在危急时刻的应对能力与公众的安全福祉。

我国为了应对突发事件的挑战，同样构建了相应的法律体系。其中，《突发事件应对法》作为基础性法律，为应对各类突发事件提供了基本法律依据和框架。2024 年，我国通过了修订的《突发事件应对法》，对预防与应急准备、监测与预警、应急处置与救援、事后恢复与重建等方面均作了不同程度的修改，有利于提高我国防灾减灾救灾和重大突发事件处置保障能力。但需要指出的是，目前我国应急预案体系尚不完整，并且部分应急预案存在规定较为原则、可操作性不强的问题。域外方面，目前美国已经形成一套包含五大子框架的国家应急预案体系。我国可借鉴相关有益经验，构建更为全面完整的应急预案体系，并进一步细化、充实应急预案内容。

二、设置核心应急管理机构

域外经验表明，建立一个集中统一、高效运转的核心应急管理机构至关重要。以全球范围内的先进国家为例，美国、日本都设立了专门的机构来应对突发事件。这些机构的工作机制设计充分考虑了应急管理的特殊要求，具备了一流的快速响应能力。无论是自然灾害还是人为事故，这些机构一般都能在短时间内作出准确判断，并迅速启动相应的应急预案。这种快速响应不仅体现在决策速度上，更体现在应急资源的快速调配和相关力量的迅速集结上。以日本的全国危机管理中心为例，在应对突发事件时，该中心的各个部门和各级机构通常能够快速协调和参与到应急事务的处理中。一方面，该中心建立起了高效的沟通机制，确保了信息畅通无阻，各部门之间能够紧密配合，形成合力。另一方面，其具有高效的资源整合能力。在应对突发事件时，往往需要调动大量的配套资源，包括人力、物力、财力等。全国危机管理中心能够根据实际情况，科学合理地调配资源，确保资源得到最大化的有效利用。

核心应急管理机构的建立，对实现应急响应的集中统一领导和高效协调具有重要意义。我国已成立应急管理部负责统筹全国应急管理工作，可以继续优化其功能，加强与其他部门间的协同联动，确保其在紧急情况下能够成为决策迅速、执行到位、资源优化配置的中枢神经，对有效抵御各类突发事件，维护社会稳定与安全起到高位协调的作用。

三、明确府际事权和支出责任划分

在应对突发事件时，明确各级政府之间的事权划分显得尤为关键。这不仅关乎应急处置的效率，更影响到构建地方政府与中央政府应对突发事件的财政分摊框架。❶ 美国、日本等国家在实践中，展现了一套行之有效的分层协作模式，该模式充分调动了中央与地方两方面的优势，形成了应对危机的强大合力。中央政府在此框架下扮演着战略指导和资源调度的中枢角色。它负责制定宏观政策、规划全国性的应急响应框架、协调跨区域资源调配，并为地方政府提供技术支持、资金援助和法律指导。例如，美国联邦应急管理总署在总统领导下，负责协调联邦政府资源以支持州和地方政府的灾难响应工作。日本中央政府通过内阁府灾害对策本部，统一指挥全国的防灾减灾和灾后重建工作。与此同时，地方政府则依据自身地域特点和实际情况，承担起制订具体行动计划、直接执行应急措施的重任。它们对当地风险有更深入的了解，能够迅速识别风险、评估影响，并据此启动地方应急响应计划。当

---

❶ 郑联盛. 加强突发公共事件应对的财政保障 [N]. 中国社会科学报，2020 – 08 – 05（A03）.

然，地方政府也不会过于依赖中央，中央只在地方政府的财力无法应对自身权责范围内的危机时，才给予地方一定的资金支持，承担兜底责任。❶ 实践中，地方政府在危机应对中的作用可能是决定性的，美国各州和城市拥有各自的应急管理局，负责制定并实施符合本地需求的应急预案。日本都道府县及市町村等地方政府依据《灾害对策基本法》建立灾害对策体制，开展预防、响应及恢复重建工作。

为了保障应急分工合作机制的有效运行，建立和完善信息报告与共享机制至关重要。这意味着要确保从基层到中央的信息流通顺畅，实现数据、情报和资源需求的实时传递。❷ 这不仅涉及政府内部的上下级沟通，还包括跨部门、跨区域的信息协同。例如，欧盟利用欧盟委员会应急响应协调中心作为信息枢纽，收集并分发有关突发事件的信息，协调成员国之间的互助行动。这种清晰的事权协调机制使得财税政策在实施过程中能够更加快速、有效地发挥作用，为灾害应对提供了坚实的财政支持。总之，明确各级政府之间的事权划分是应对突发事件的关键。通过借鉴全球范围内先进的应急治理经验，我国应进一步明确中央与地方政府在应对突发事件中的职责界限，特别是在财税政策的实施上，确保资源的有效配置和高效利用。在法治框架内做好财政经费的重点保障和财税政策的精准支持，明确哪些紧急资金的筹集和分配由中央政府负责，哪些由地方政府根据本地情况灵活处理，以充分提高应对突发事件的能力和效率。

四、综合运用多种财税政策工具

在"世界风险社会"正在形成的背景下，发达国家普遍陷入结构性危机，公共财政一般难以平衡社会福利需求与民众生存压力。❸ 在此情形下，如何利用财税制度进行应急兜底，也成为一大现实难题。针对突发事件的特

❶ 王敏. 应急管理财政政策的国际经验及启示 [J]. 财政科学，2020 (4)：55 - 61.

❷ 汪志红，王斌会，陈思玲. 国外突发事件应急管理体制的借鉴与思考 [J]. 科技管理研究，2012 (16)：209 - 212.

❸ 程同顺，刘佳. 风险社会对现代政治原则和价值的冲击：以新冠疫情防控为例 [J]. 武汉科技大学学报（社会科学版），2022 (2)：142 - 149.

殊性，需要建立以突发事件有效阻断和处置为目标，以专业化应对为重点和以财政资源为保障的紧急响应计划和恢复重建安排。从国际经验看，突发事件应对需要综合运用多种财税政策工具，四大支柱工具分别是预备费、转移支付、税费减免和回应性税收政策。

（一）预备费——应对重大突发事件的财政基础

域外经验表明，预备费是各国应对突发事件的重要财政手段，这一手段在全球多个国家的实践中被广泛采纳，旨在确保政府在遭遇自然灾害、经济危机、公共卫生事件等不可预见的情况时，能够迅速、有效地调动资金，进行初步响应和紧急救援，减少损害并稳定社会秩序。在国际上，美国联邦政府通过《罗伯特·斯塔福法》授权联邦应急管理总署管理灾害响应基金，这笔基金包括用以迅速支持州和地方政府在灾害发生初期的紧急需求的预备费安排。日本政府设立的灾害救助基金也是预备费的一种。这一机制确保了日本政府在地震、海啸等灾害发生时，能够立即启动救援行动，无须等待常规预算调整，显著缩短了响应时间。虽然欧盟作为一个超国家联盟，没有直接的预备费机制，但其通过欧盟团结基金为成员国提供财政援助，以应对重大的自然灾害，相当于一种区域性的预备费安排。实践中，预备费制度通常会根据突发事件情况作出相应调整。2024 年 1 月，日本石川县能登半岛发生了7.6 级强震，造成了严重的人员伤亡和财产损失。面对灾情，日本政府召开临时内阁会议，通过修改 2023 年已确定的财政预算案，将财政预备费增加至1 万亿日元，以支持能登半岛地震灾区恢复重建。❶

我国在应急财政管理的实践探索中也建立了自己的预备费制度。《预算法》第 40 条规定了预备费的提取比例（通常是本级预算支出的 1% ～3%）和适用范围（自然灾害等难以预料的事件）。这一机制在应对历次突发事件中，如汶川地震、新冠疫情等，都发挥了关键作用，确保了政府能够及时、有效地提供援助和支持，减少灾害的影响。但在现实中，地方政府对预备费

❶ 姜俏梅，郭丹. 日本因能登半岛地震修改 2024 财年预算案 ［EB/OL］. （2024 – 01 – 16）［2024 – 06 – 05］. http：//www. news. cn/world/20240116/37994bf4a9ba46e38fe21356eea7e6e6/c. html.

的提取额度大多围绕在最低限度 1% 左右，提取比例过低。另外，我国的预备费与预算稳定调节基金的职能基本相似，可参考域外国家的做法，将两者进行衔接，方便预备费的计划提取和使用监督。

（二）转移支付——应对重大突发事件的财政后盾

转移支付在应对重大突发事件中同样扮演着财政支柱的角色。突发事件常常具有不可预见性和急迫性，给受灾地区带来严重的经济损失和社会动荡。为了迅速恢复受灾地区的正常秩序和推动重建工作，域外国家通常采取紧急专项转移支付的方式，实现快速、有效的财政援助，填补应急资金缺口。许多国家在面对突发事件时，会迅速调整财政政策，通过临时预算追加、紧急预算修正或设立专项基金的形式，为转移支付提供法律和财政基础。另外，转移支付不仅仅是简单的资金转移，更伴随着严格的项目管理与监控。援助方案通常会根据灾情的严重程度、受影响人群的迫切需求和重建的优先级来设计，确保资金的高效利用。2011 年，日本发生了 9.0 级地震和随后的海啸，日本中央政府以专项拨款的形式向受灾地区提供转移支付资金，用于灾后重建、恢复基础设施、援助灾民等。在这个过程中，日本建立了全过程、透明化的资金使用和监管机制，如设立专门的震后重建特别账户。

尽管我国的转移支付制度在多年发展中已相对成熟，形成了一套较为完整的体系，但在应对突发事件时仍然面临一些挑战。我国可以通过总结域外经验，进一步完善我国应急状态下特殊的转移支付制度。例如，可以建立专门的灾害救助基金或设立应急拨款机制，以便在需要时能够及时调拨资金。在转移支付资金使用上，也要根据不同灾害类型和受灾地区实际情况，制订精细化的资金援助方案。同时，完善事后评估机制，确保资金使用的绩效反馈，不断提升转移支付的应急效能。

（三）税费减免——激发灾后重建与经济复苏的财政催化剂

在面临重大突发事件，如自然灾害或公共卫生事件时，税费减免政策无疑是各国政府手中一项关键的财政工具。它不仅直接减轻了企业和个人的经济负担，还通过一系列间接影响，为灾后重建和经济复苏注入了强大的活力。● 从国内外已有应急实践来看，税费降低都成了应对突发事件的共同选择。具体来说，各国政府在灾后往往采取延期纳税、税收减免等手段来降低税费负担。这些措施可以归纳为几个关键方面。首先，设立灾后重建专项税收优惠，针对受灾企业实施一定年限的所得税减免，这有助于企业在灾后快速恢复生产，减轻财务压力。其次，对受灾严重地区的企业等市场主体实施延期纳税或分期纳税，确保它们能够在灾后保持正常运营，避免因税收问题而进一步陷入困境。此外，各国政府还注重通过税收优惠来鼓励创新和技术改造。加强对创新和技术改造项目的税收扶持力度，不仅可以激发企业的创新热情，还可以推进企业在灾后的复工复产，这种政策导向有助于推动灾后产业升级和经济结构的优化。

以美国为例，通常在重大灾害发生后，美国总统会根据《罗伯特·斯塔福法》发布紧急声明或重大灾害声明，这是启动税收应急措施的前置程序。接着，联邦应急管理总署会根据受影响州州长的请求，对受灾地区进行初步损失评估，以确定受灾程度。这一评估结果将提供给美国国税局以确定灾害税收减免力度和延期纳税期限等。我国也可以探索建立一套流程机制，当突发事件发生时，首先由相关权威部门根据法律规定，宣布启动税收应急机制。随后，税收部门可以与应急管理部门、气象和地震等相关机构紧密合作，对受灾地区进行快速、准确的损失评估。根据评估结果，税收部门可以制定具体的税收减免政策，如延长纳税期限、降低税率或提供税收返还等，以减轻受灾企业和个人的经济负担。为了确保税收应急机制的有效实施，还需要加强法律制度建设。可以制定专门的税收应急法律或修改相关法律条款，明确税收应急机制的启动条件、程序、措施和监管等方面的内容。同时，加强与突发事件应对相关法律的衔接，确保税收应急机制在整个应急管理体系中的协调性和一致性。此外，建立有针对性的税收服务机制，为受灾纳税人提供及时、准确的税收减免指导和支持，确保在特殊时期减轻纳税人的程

● 郑联盛，高峰亭，武传德. 公共危机治理与财政支持体系建设［J］. 金融发展研究，2020（6）：3–8.

序性负担。

（四）回应性税收政策——提振受灾地区经济的财政助推器

欧盟各国在应对突发事件时，会采取一系列具有回应性的税收扶持政策来恢复和提振经济，主要通过采取税收减免来帮助企业和个人走出困境。这些政策的主要目的是缓解突发事件对经济和社会的冲击，并促进生产和生活快速恢复。事实上，税收政策是许多国家应对突发事件的首要战略工具。以俄罗斯为例，其在突发事件后出台了相应的延期纳税政策。例如，新冠疫情期间，俄罗斯允许中小企业延期缴纳企业所得税、统一农业税以及与简化税制相关的 2019 年应缴税款，延期期限为 6 个月。另外，在某些条件下，纳税人还可以选择分期缴付税款（消费税和自然资源开采税除外），分期期限最长可达 3 年。❶ 这意味着纳税人可以与税务部门协商，将应缴税款分摊到多个年度内支付，从而减轻每年的财务压力。

此外值得注意的是，2022 年俄罗斯在遭遇欧美国家一系列经济制裁后，还制订实施了包括针对企业和个人的税收优惠政策在内的一揽子"反危机计划"，试图通过稳定资本、劳动力等重要生产要素来缓解因制裁带来的经济压力，以尽可能稳住国内经济的基本盘，部分税收措施如表 4 - 1 所示。

表 4 - 1　俄罗斯"反危机计划"中的部分税收措施

编号	税收措施
1	外国贷款机构免除债务不会增加借款人的税基
2	对 2021—2022 年银行存款和账户余额利息免征个人所得税
3	首次注册为个体经营者的自然人转换为简易征税制和专利征税制的，自注册之日起两年内免税
4	2022 年 3 月 9 日至 2023 年 12 月 31 日，如果企业延迟纳税超过 30 日，则延迟付款利息不会加倍

❶　Tax measures to encourage stable economic development in Russia during the COVID - 19 pandemic [EB/OL]. (2020 - 04 - 06) [2024 - 06 - 21]. https：//www. dlapiperintelligence. com/investmentrules/blog/articles/2020/tax - measures - to - encourage - stable - economic - development - in - russia - during - the - covid - 19 - pandemic. html.

续表

编号	税收措施
5	将关联方交易的认定门槛从 6000 万卢布提高 1 倍至 1.2 亿卢布
6	5 年内酒店业免征增值税
7	自 2022 年起，信息技术行业企业所得税从 3% 降至 0
8	自 2022 年起，将适用交通运输税乘法系数的车辆价格门槛上调至超 1000 万卢布
9	对所有未进入破产程序或重组清算程序的企业实行增值税加速退税

资料来源：Sterngoff Audit. Large – scale anti – crisis changes to tax and other legislation in 2022［EB/OL］.（2022 – 05 – 20）［2024 – 06 – 21］. https：//sterngoff. com/en/large – scale – anti – crisis – changes – to – tax – and – other – legislation – in – 2022/.

　　总之，通过借鉴国际经验并结合我国国情，可以构建一个高效灵活的税收应急机制。这一机制不仅有助于减轻受灾企业和个人的经济负担，还能促进灾后重建和经济复苏。同时，加强法律制度建设和服务机制建设也是确保税收应急机制有效实施的重要保障。

第五章

突发事件背景下的
财政收入制度

　　财政收入制度不仅是维持国家提供公共产品和公共服务能力的物质保障，同时也具有相当重要的经济调节功能。通过调整财政收入的来源、规模和结构可以对经济社会发展的多个方面产生直接影响。突发事件的发生通常会对经济发展造成不利影响，由此财政收入的经济基础也直接面临着动摇的危险。应急状态下的财政收入制度一般是指在遭遇突发事件（如战争、严重自然灾害、重大公共卫生事件等）时，为了应对特殊时期的需求和挑战，政府所采取的特殊财政措施和资金筹集方式。在应急状态下，政府财政收入的实现，一方面需要考虑经济社会的现实承受能力，另一方面需要兼顾政府应急管理的资金需求，保障重大安全风险防范和应急处置能力。

第一节 突发事件背景下财政收入的来源考察

我国现行的财政收入制度是一个多元化体系，在面对诸如自然灾害、事故灾难、公共卫生危机等突发事件时扮演了经济支柱的角色，一定程度上确保了应急资金的高效和及时供给。在应急状态下，突发事件可能对工商业经济造成较大冲击，导致社会总供求骤然收缩。经济下行趋势会直接影响财政收入筹集，使得财政收入总量减少。与此同时，一些受突发事件影响较深的传统支柱产业的税收贡献也可能会大幅下降。应当指出的是，处于"平常状态"时，我国财政收入的主要来源在于税收收入、非税收入以及政府债券发行收入，而一旦进入"应急状态"，税收收入、非税收入以及政府债券发行收入通常需要作出较大调整以发挥特殊的调节作用，实现"风险对冲"。

一、税收收入

税收收入是国家财政收入的核心组成部分，政府通过征税的方式从经济活动中获取收入，用以支持公共服务、社会保障、基础设施建设等公共开支，税收收入制度的设计和实施直接影响到政府财政汲取能力、经济效率、社会公平及市场活力。突发事件可能导致部分行业利润下降、企业经营困难甚至倒闭破产，从而导致税源大范围萎缩，且不同税种受突发事件的影响程度可能不同。举例而言，增值税等流转税可能因经济活动衰退而大幅下降，相比之下，房产税等财产税受到的负面影响则可能较小。面对重大突发事件，通常需要制定实施以减免税为代表的税收优惠政策，以缓解企业现金流压力或者增加居民可支配收入。从表面上看，实施税收优惠政策意味着财政收入的绝对减少，但从深层上看，这种财政主动让利体现出重要的税收调节功能。此外，税收优惠亦可以看作财政支出的一种特殊方式，即"税式支出"，并要求对其进行严格的预算控制。本章探讨突发事件背景下我国税收收入的变化和制度因应，主要从税收优惠政策出发。

二、非税收入

非税收入和税收收入同属于国家财政收入，是国家财政收入的重要组成部分。与税收收入的强制性、无偿性和固定性相比，非税收入更多表现出资金筹集上的非普遍性、资金使用上的灵活性和非特定性，其同样是政府参与国民收入分配与再分配的重要手段。[1] 在《政府非税收入管理办法》（财税〔2016〕33 号）中，非税收入是指除税收以外，由各级国家机关、事业单位、代行政府职能的社会团体及其他组织依法利用国家权力、政府信誉、国有资源（资产）所有者权益等取得的各项收入。我国非税收入来源于政府提供的公共服务、资源出让、行政事业性收费等多个方面，是通过分类预算进行管理的，即分别纳入一般公共预算、政府性基金预算和国有资本经营预算进行管理。有必要指出，虽然非税收入在整体财政收入中所占的比重不及税收收入，但鉴于我国大部分非税收入项目由地方政府直接管理，因此，其在地方财政运行中仍然具有重要地位和影响力。基于非税收入管理的灵活性和弹性，在一些重大自然灾害、重大疫情等突发状况发生后，政府通过新增非税收入项目、调整非税收入结构、控制非税收入规模，能够更好地适应突发事件应对的需要，例如，由政府发起紧急募捐统一接受社会捐赠。值得一提的是，在我国，土地出让金是一项重要的非税收入，在地方整体财政收入中所占的比例相当可观，对房地产市场运行也具有重要影响。在新冠疫情期间，为了减轻房地产企业资金周转压力，我国一些地方允许土地出让金延期缴纳，并且根据实际情况，对未能按期缴纳土地出让金的企业，适当免除其违约责任。

近年来，面对频繁发生的突发事件及其引发的经济震荡，随着相关制度改革和政策创制非税收入项目也一直处于动态变化之中，由财政部不定期对个别项目进行调整。在应急状态下，面临经济下行压力和减税退税政策导致

---

[1]　国家税务总局四川省税务局课题组，李杰，罗元义，等. 非税收入管理的国际借鉴研究 ［J］. 国际税收，2024（2）：64 – 72.

的税收收入减少，全国范围内的非税收入可能会出现逆势增长。这主要是因为政府通过多渠道盘活国有存量资产和资源来筹集收入，以弥补税收收入的不足。同时，还会增加某些行政事业性收费或政府性基金以筹集资金用于应急响应和灾后重建。

三、政府债券发行收入

政府债券是指政府部门或其他代理机构为筹集资金，以政府名义发行的、承诺在一定时期支付利息和到期还本的债务凭证。从发行主体的角度看，中央政府发行的债券一般称为中央政府债券或者国债，地方政府发行的债券称为地方政府债券。其中，地方政府债券又可细化为两大类：一般债券与专项债券。一般债券融入公共财政预算体系之中，其核心功能在于弥补地方财政的短期赤字，确保政府运营与公共服务的持续稳定；专项债券则精准对接政府性基金预算，专为公益性基础设施建设及重点发展项目量身打造，有效拓宽了融资渠道。在突发事件背景下，国债与地方债都是政府财政应急机制的重要组成部分，旨在确保政府在危急时刻具备快速响应能力。通过这些多元化融资渠道，政府不仅能够迅速筹集必要资金，还能在一定程度上分散财政风险，维护公共财政的可持续性。

根据我国债务管理长期实践经验，政府为了迅速筹集必要的资金以应对紧急情况，往往会采取多种融资措施，其中特别国债的发行成为关键策略。❶与一般国债相比，特别国债的特别之处主要体现在以下方面：一是特别国债是在特殊时期基于某种特殊需要而发行的，其并非常规的财政工具，属于一种应急性措施；二是特别国债的发行需要调整中央财政国债余额管理限额，不列入财政赤字，其收支纳入中央政府性基金预算；三是特别国债的资金用途并没有统一的明确限定，而是根据发行时的实际政策需要作特殊安排，资金用途更为灵活；四是发行特别国债只需全国人大常委会审议，发行审批机制较为灵活。上述这些特点决定了特别国债能够成为突发事件背景下财政开

---

❶ 谭小芬，解紫彤. 特别国债在抗击疫情中的作用 [J]. 中国金融，2020 (8)：91-93.

源的重要手段，在必要时启动发行程序也通常具备可操作性。❶

特别国债一般用于应对金融危机和主权信用危机的对冲，以及一些自然灾害的灾后恢复建设等。历史地看，我国分别在 1998 年、2007 年、2020 年和 2024 年发行了四次较大规模的特别国债，如表 5 - 1 所示。在 1998 年，为解决当时国内银行资本金不足的问题，财政部向国有"四大行"定向发行了 2700 亿元的特别国债。2007 年发行的 1.55 万亿元特别国债，主要用于购买外汇，作为组建国家外汇投资公司的资本金来源。❷ 这两次特别国债的发行都有效帮助我国渡过经济难关，是对冲经济波动的积极财政举措，在刺激内需、拉动消费等方面发挥了巨大作用，保持了国内经济相对平稳的发展速度。❸ 新冠疫情发生后，2020 年我国又发行 1 万亿元抗疫特别国债，用于公共卫生等基础设施建设和抗疫相关支出。在经济下行压力不断加大和基层财政持续面临困难的背景下，2024 年的《政府工作报告》提出从 2024 年开始拟连续几年发行超长期特别国债，专项用于国家重大战略实施和重点领域安全能力建设，2024 年先发行 1 万亿元。

表 5 - 1 我国发行的四次大规模特别国债

发行时间	发行背景	发行规模	资金用途	发行期限	发行方式
1998 年	1997 年亚洲金融危机爆发，我国国有银行资本充足率未达到国际标准	2700 亿元	补充四大国有银行的资本金，提升金融体系的抗风险能力	30 年	定向发行
2007 年	国内出现流动性过剩、资产价格泡沫和物价上涨等问题	1.55 万亿元	购买外汇，注资成立中国投资有限责任公司	10 年和 15 年	定向发行和公开发行

❶ 曾绍龙. 抗疫特别国债和地方政府专项债券发行现状、理论分析和影响 [J]. 经济论坛，2021 (1)：107 - 118.

❷ 邓文硕. 抗疫特别国债发行的历史维度和国际视野考察 [J]. 地方财政研究，2020 (9)：37 - 44.

❸ 郑联盛，白云凯，王波. 特别国债：中国实践、抗疫应用与制度优化 [J]. 西部论坛，2020 (6)：101 - 112.

续表

发行时间	发行背景	发行规模	资金用途	发行期限	发行方式
2020 年	新冠疫情对我国经济造成较大冲击	1 万亿元	为疫情防控和复工复产提供资金支持	5 年、7 年和 10 年	公开发行
2024 年	国内有效需求不足，经济下行压力加大	1 万亿元	支持国家重大战略实施和重点领域安全能力建设	20 年、30 年和 50 年	公开发行

资料来源：姚东旻. 理解当前增发特别国债的必要性：典型症状的典型政策 ［EB/OL］. （2024 - 05 - 15）［2024 - 06 - 21］. https：//politics. gmw. cn/2024 - 05/15/content_37323424. htm.

第二节　突发事件背景下财政收入制度的局限性分析

推进"减收增支"的积极财政政策，是应急状态下国家维护经济社会稳定的重要措施。"减收"主要体现为减税降费，旨在减轻特殊时期企业和居民的税费负担，是财政收入制度调节功能的重要体现。下文主要以"非典"疫情和新冠疫情为切入点，总结相关财税政策的实践脉络并分析其中存在的不足，探寻财政收入视角下我国应对突发事件的财税制度的改革方向。

一、税收优惠政策的应急效能不彰

（一）鉴往知来："非典"时期的税收优惠政策反思

1. 税收优惠政策对第三产业扶持力度有限

"非典"时期，国家紧急开展各类专项会议，集中力量探讨如何应对突发公共卫生事件，国务院常务工作会议曾连续五周讨论"非典"防治工作，内容包括建立应对突发公共卫生事件的应急处置机制、对受影响较大的行业予以必要扶持等。为了尽快恢复正常的社会秩序，弥补"非典"疫情带来的各项损失，国家层面紧急且密集地出台了一系列特殊财税政策，如表5-2所示。

表5-2 "非典"时期的特殊财税政策文件

发文时间	文件名称	文号
2003年4月25日	《财政部 国家税务总局关于非典型肺炎疫情发生期间个人取得的特殊临时性工作补助等所得免征个人所得税问题的通知》	财税〔2003〕101号
2003年4月29日	《国家税务总局关于在防治"非典型肺炎"期间做好纳税申报工作的紧急通知》	国税发明电〔2003〕13号
2003年4月29日	《财政部 国家税务总局关于纳税人向防治非典型肺炎事业捐赠税前扣除问题的通知》	财税〔2003〕106号
2003年5月2日	《财政部关于防治非典型肺炎捐赠物资免征进口税收的通知》	财税〔2003〕110号
2003年5月8日	《财政部 国家税务总局关于在"非典"疫情期间对北京市经营蔬菜的个体工商户免征有关税收的通知》	财税〔2003〕112号
2003年5月9日	《财政部关于对受"非典"疫情影响比较严重的行业减免部分政府性基金的通知》	财综明电〔2003〕1号
2003年5月12日	《财政部 国家税务总局关于调整部分行业在"非典"疫情期间税收政策的紧急通知》	财税〔2003〕113号
2003年5月30日	《国家税务总局关于联合国儿童基金会无偿援助"非典"防治紧急援助项目在华采购物资免征增值税的通知》	国税函〔2003〕580号
2003年6月30日	《商务部 国家税务总局关于加强税贸协作，克服"非典"疫情对外贸影响的通知》	商规发〔2003〕154号
2003年7月31日	《财政部 国家税务总局关于防治"非典"捐赠税前扣除优惠政策的补充通知》	财税〔2003〕162号
2003年11月18日	《财政部 国家税务总局关于延长部分受"非典"影响行业税收优惠政策的通知》	财税〔2003〕227号

续表

发文时间	文件名称	文号
2003 年 11 月 19 日	《财政部 国家税务总局关于防治"非典"工作有关税收政策问题的通知》	财税〔2003〕231 号
2003 年 11 月 19 日	《财政部 国家税务总局关于北京市防治"非典"工作有关税收政策问题的通知》	财税〔2003〕232 号

"非典"时期我国经济防范风险能力还不高，尤其是我国第三产业受到的冲击较为严重，因为第三产业大多具有劳动密集型特点。随着"非典"疫情蔓延，公路、铁路、航空运输业的客运企业首先受到波及，整个第三产业的下岗失业人员数量不断上升，经济不确定性因素增加，为此我国针对第三产业出台了相应的税收扶持政策。❶ 从实际效果来看，2003 年第三产业有回暖的迹象，但较为缓慢，税收优惠政策对扶持第三产业有了一定的积极作用，但未达到理想效果。以地方层面为例，嘉兴市人民政府印发了《关于防治"非典"期间对部分行业采取扶持政策的通知》（嘉政发〔2003〕30 号），对部分第三产业实行税收优惠政策：一是对饮食业、旅店业减半征收营业税、城市维护建设税；二是对旅游业免征营业税、城市维护建设税；三是对实行定期定额方式征收的饮食、沐浴、棋牌室、旅店、网吧、歌舞厅、音乐茶室、台球、客运出租等 9 个行业的定额，在原有基础上调减 50%。❷ 审视上述政策，在应对突发事件时，在第三产业纾困发展方面所展现的扶持力度显露出一定的局限性，存在行业不全面、优惠力度不足等问题。税收优惠政策作为税收收入体系中的重要调节机制，在面临重大疫情冲击时对产业扶持的深度与广度尚有待加强。

2. 税收优惠方式较为单一

"非典"疫情发生后，为有效应对公共卫生危机，国务院授权财政部推

---

❶ 刘安长."新冠"疫情对我国的经济冲击及财政的对冲政策："非典"疫情下的对比分析[J]. 兰州学刊，2020（4）：59－70.

❷ 嘉兴市人民政府. 关于防治"非典"期间对部分行业采取扶持政策的通知［EB/OL］.（2003－05－20）［2024－06－21］. https：//www. jiaxing. gov. cn/art/2003/5/20/art_1229567741_2361238. html.

出一系列针对性的税收优惠政策，旨在缓解疫情地区及特定困难行业的经济压力，并激励社会各界共同参与疫情防控。❶ 但是，应对"非典"疫情已出台的税收优惠政策呈现出手段单一化特征。一方面，缺乏完整综合的疫情税收优惠体系。具体而言，"非典"期间的税收优惠措施主要聚焦于营业税、增值税、企业所得税及个人所得税等少数税种，未能构建一个广泛覆盖、多维度协同的税收优惠框架，难以全面而深入地缓解突发事件给各行业带来的经济冲击。例如，在医疗卫生领域，尽管非营利性机构依国家规定价格获取的医疗服务收入享受了税收豁免，但这种优惠仅限于单位纳税层面，未能同步延伸至个人从医疗机构获得的收入所应缴纳的个人所得税上，这在一定程度上限制了税收优惠政策的全面效应。另一方面，优惠对象存在一定片面性。较为单一化的优惠对象选择可能忽略了其他同样受到疫情影响的行业和企业，例如，作为产业链"大动脉"的物流行业，这不利于保障一线抗疫物资供应，还可能导致整体经济恢复达不到理想效果。

此外，一些税收政策未能充分考虑不同行业之间的差异性，粗放化的行业维度施策方式虽然能够迅速响应疫情带来的行业冲击，但可能无法全面满足所有行业的实际需求。从多维度施策看，"非典"时期的税收政策在实施维度上显得较为单一，并没有更深层次地考虑到疫情防控紧急程度、企业规模大小等重要因素。与"非典"时期相比，新冠疫情期间我国制定了更为全面和细致的优惠措施。例如，对疫情防控重点保障物资生产企业全额退还增值税增量留抵税额；对纳税人提供疫情防控重点保障物资运输收入免征增值税；对卫生健康主管部门组织进口的直接用于疫情防控的物资免征关税。需要指出的是，提供基础物资保障是解决突发事件的重要措施之一，而"非典"期间的物资保障相关税收政策较为缺乏。

综上所述，"非典"疫情对税收的影响不仅体现在经济波动的直接效应上，更深刻地揭示"非典"时期出台的税收优惠政策的单一化倾向，进而在

---

❶ 李娜. 支持疫情防控税收政策国际比较分析 [J]. 国际税收，2020（4）：13–16.

财政收入层面引发了短期冲击。❶ 在"非典"时期推出的税收优惠政策体现出财政收入制度的调控功能，但是其作用效果较为有限。"非典"时期我国经济发展状况与税收收入规模与今日中国已经大有不同，鉴往知来，面对未来可能发生的突发事件，单纯依赖单一化的税收优惠政策已难以满足复杂多变的经济社会需求。因此，构建多元化、灵活高效的税收优惠政策体系，成为我国应对未来风险挑战、保障财政稳定与优化税收调节机制的必由之路。

（二）新冠疫情时期的税收优惠政策反思

1. 政策列举

第一，增值税优惠政策层面。根据疫情防控期间颁布的各项税收优惠政策，本次应对突发事件较多采取多部门联合发布的方式，大多数是由财政部、国家税务总局、国家发展和改革委员会、海关总署等部门联合制定，这种发布方式更有利于税收优惠政策跨部门、跨地区的有效落实。增值税税收优惠政策可分为三类：免征或暂停预缴增值税、加计抵减增值税进项税额❷、留抵退税❸。第二，所得税优惠政策层面。主要涉及减免应纳税所得额和加大税前扣除力度的企业所得税优惠和个人所得税优惠。第三，其他税种优惠政策层面。各部门相应出台了有关房产税、印花税、城镇土地使用税等一系列优惠政策，为社会纾困解难。例如，"六税两费"的减免。自 2022 年 1 月 1 日至 2024 年 12 月 31 日，由省、自治区、直辖市人民政府根据本地区实际情况，以及宏观调控需要确定，对增值税小规模纳税人、小型微利企业和个体工商户可以在 50% 的税额幅度内减征资源税、城市维护建设税、房产税、城镇土地使用税、印花税（不含证券交易印花税）、耕地占用税和教育费附加、地方教育附加。此外，针对以上部分税种还采取了延缓缴纳的政策。2022 年

---

❶ 王正巍，黄芳. 疫情背景下我国国家财政治理研究 ［J］. 地方财政研究，2021（2）：53 – 58.

❷ 2019 年 4 月 1 日至 2022 年 12 月 31 日，允许生产、生活性服务业纳税人按照当期可抵扣进项税额加计 10%，抵减应纳税额；2019 年 10 月 1 日至 2022 年 12 月 31 日，允许生活性服务业纳税人按照当期可抵扣进项税额加计 15%，抵减应纳税额。

❸ 我国采取对特定行业实施留抵退税措施，加大小微企业增值税期末留抵退税政策力度，将先进制造业按月全额退还增值税增量留抵税额政策范围扩大至符合条件的小微企业（含个体工商户），并一次性退还小微企业存量留抵税额。

发布的《国家税务总局、财政部关于延续实施制造业中小微企业延缓缴纳部分税费有关事项的公告》（国家税务总局、财政部公告 2022 年第 2 号）规定，在继续延缓缴纳 2021 年第四季度部分税费基础上，延缓缴纳 2022 年第一季度、第二季度部分税费。在依法办理纳税申报后，制造业中型企业可以延缓缴纳税费金额的 50%，制造业小微企业可以延缓缴纳税费的期限为 6 个月。

2. 政策反思

第一，税收优惠政策系统整合性不足与覆盖性欠缺。我国在应对突发事件时出台了大量税收优惠政策，但在优化税收优惠政策的设计层面，亟待增强其系统整合性和全面覆盖性，以期最大化提升税收政策工具箱的应对效能。[1] 在企业所得税领域，针对直接投身于疫情防控前线的关键行业，如疫苗研发与生产企业，有的税收激励措施缺失且界定模糊。这种状况不仅束缚了疫情防控产品研发行业的发展活力，也未能充分挖掘其在公共卫生应急体系中的巨大潜力与贡献。同时，企业所得税激励政策对新兴行业的扶持力度尚显不足，缺乏足够的引导与推动力，限制了这些行业的快速成长。在增值税制度层面，期末留抵退税政策的惠及范围仍显狭窄，未能充分覆盖到众多亟须财政支持的行业。为有效缓解企业现金流压力，促进经济平稳运行，亟待对该政策进行拓宽与细化，确保更多行业能够享受到这一重要的财务缓冲政策，从而增强其抵御风险与持续发展的能力。此外，部分税收优惠方案对税基调整的关注不足，限制了税收政策在灵活性和适应性上的提升空间。[2]

第二，缺乏权威的突发事件防控税收优惠政策应急预案。2002 年，我国财政部制定了《突发事件财政应急保障预案》，它是财政部门参与公共危机特别是突发性公共危机管理的基本预案，具体规定了财政部门在公共危机管理中的职责和在应急管理中的具体程序，但是位阶较低。2006 年国务院颁布四大公共卫生领域专项预案，但是此类预案中大多是应急事项统筹安排的措

❶ 智艳，罗长远. 新冠疫情对中国经济的影响及其思考［J］. 学习与探索，2020（4）：99-105.
❷ 张萌. 财税政策应对新冠肺炎疫情的思考［J］. 会计之友，2020（12）：151-156.

施以及政府在应对突发事件时该及时作出的宏观调控，并没有体现对应急性税收优惠政策的具体部署。新冠疫情暴发后，尚未出台有关预案。我国现行应急预案中较少包含税收优惠政策的相关内容，一方面可能影响应急性税收政策的有效供给，另一方面可能难以对相关行政机关履行应急职责形成有力约束。❶ 将税收优惠政策整合纳入现有应急预案体系，对提升国家应对突发事件的能力、保障经济社会平稳运行具有重要意义，需要引起高度重视。

第三，疫情防控税收优惠政策针对性与可操作性有待提高。我国现行税收制度中，尽管已尝试就不同税种制定了面向新冠疫情的专项税收减免政策，但这些规定的实际可操作性和针对性仍面临显著挑战。❷ 以企业所得税为例，其税收优惠虽原则上依据"国民经济和社会发展需要"或"突发事件对企业经营活动的重大影响"，然而"重大影响"的具体界定标准模糊，使得企业在实际申请过程中难以准确把握。同样，个人所得税的减征聚焦于"因自然灾害遭受重大损失"，房产税的减免则基于"纳税人纳税确有困难"，这些表述均留有很大的解释空间，未能提供清晰、具体的衡量指标。规则上的模糊性直接导致了在面对重大突发公共卫生事件时，税收减免政策的实施迟缓且不够精准。在此情况下，国家税务总局与财政部等相关部门不得不频繁发布规范性文件或紧急批复，以弥补制度上的空白，这种应急性措施虽然在一定程度上缓解了企业和个人的经济压力，但其临时性和缺乏预见性也引发了外界对政策稳定性和合法性的担忧。更深层次地，这种应对模式反映出我国现行税收制度在设计之初，对如何系统性地、前瞻地融入突发事件防控的考虑不足，尤其是在具体条款的设定上未能充分预见到实际操作中的复杂性和多样性。突发事件发生时，我国缺乏一套明确、统一、具有较强可操作性和法律效力的突发事件税收优惠政策框架，不仅削弱了税收制度对经济波动的缓冲作用，也影响了政策执行的效率和公众的信心。❸

---

❶ 韩龙河. 突发事件中税收优惠政策的法治化进路 [J]. 西北民族大学学报（哲学社会科学版），2021（3）：112－123.

❷ 朱青. 防控"新冠肺炎"疫情的财税政策研究 [J]. 财政研究，2020（4）：9－14.

❸ 郝东杰. 后疫情时代出版产业发展的财税政策工具供给研究 [J]. 科技与出版，2022（6）：48－53.

第四，突发事件税收征管措施不尽完善。新冠疫情期间，"非接触式"办税服务模式的广泛应用，显著降低了纳税人必须外出办理税务事务的需求，对防止纳税服务场景中疫情的传播起到了至关重要的作用。这一创新举措不仅在国内取得了显著成效，也成为全球范围内税务管理领域的亮点，多国纷纷效仿，将其作为提升税务服务效率和保障公共卫生安全的有效经验。然而，尽管在疫情防控期间我国税务管理展现出了一定的灵活性与创新性，但在税收征管体系上仍暴露出一些亟待解决的问题。其一，疫情防控期间的税收优惠政策疏忽了反避税的机制建设。政策制定者在急于释放税收红利、扶持受疫情影响的企业和个人时，未能充分考虑到潜在的避税风险。在反避税机制尚不健全的背景下，少数纳税人利用优惠政策的漏洞，采取不正当手段套取税收优惠资金，不仅侵蚀了国家税基，也破坏了税收公平原则。其二，税收征管政策的模糊性增加了实际操作的难度。例如，对申请税收减免的企业或个人，并没有明确规定必须提供与疫情防控直接相关的证明材料，这就为税收优惠的随意申请和滥用敞开了大门，导致真正受疫情冲击严重、亟须帮助的困难群体可能无法得到精准的税收减免支持。其三，针对疫情防控期间的国际税收问题存在疏忽。特别是对因防疫需要而长时间滞留在中国境内的外籍人士，其在华停留时间的延长是否会导致额外纳税义务，在这方面尚缺乏明确的法律文件和指导原则进行规范。这不仅给这部分群体带来了不确定性和困扰，也对特殊情况下的国际税务协调提出了新的挑战。

二、临时性降费措施面临不确定性挑战

（一）政策制定与实施存在短板

疫情防控期间，非税收入在应对突发事件中发挥了重要作用，其调整对整个风险治理体系来说具有积极的意义。随着疫情的间歇性冲击，我国依据疫情对全国经济的各异影响，相应调整并推出多样化的降费措施。尽管上述政策受益范围不断扩展，并且持续增强优惠力度，但因缺乏一个统一且体系化的规范框架来指导和约束，导致降费政策的制定和实施与调整目标存在错配等问题。

其一，非税收入政策调整的不稳定性。应急状态下，政府为了迅速应对危机，可能会紧急出台非税收入相关政策。这些政策往往缺乏充分的调研和论证，导致政策内容可能不够全面、细致，且存在一定的不确定性。由于突发事件的复杂性和不确定性，政府可能需要根据实际情况频繁调整非税收入政策。例如，政府可能根据疫情形势的变化多次调整社保费用减免政策，导致企业难以形成稳定的财务规划。其二，疫情防控期间非税收入管理政策的执行不到位。非税收入管理政策的执行涉及多个部门和环节，需要各部门之间的密切协作。然而，由于信息不对称和沟通不畅等问题，可能导致政策执行难度增加，进而影响政策的连续性和稳定性。例如，地方在执行减税降费政策时，由于部门间协作不力，导致企业无法及时享受到政策红利。且在紧急情况下，监管部门可能因资源有限或精力分散而无法对非税收入进行全面、有效的监管，导致政策执行过程中出现漏洞或违规行为。其三，问题反馈不及时。非税收入应急调整政策缺乏完善的反馈机制，相关主体在政策执行过程中遇到的问题和困难难以及时反馈给政府，导致政府难以及时了解政策执行中的偏差并采取相应的措施。例如，我国在疫情防控期间制定了针对特殊人群的社保缴费政策，以个人身份参加企业职工基本养老保险的个体工商户和各类灵活就业人员缴费确有困难的，可自愿暂缓缴费。但事实上，由于疫情的封控措施所导致的信息反馈的局限性，并非所有符合条件的个体工商户和灵活就业人员都能及时准确地了解政策内容。政府可能也难以及时得到相关主体反馈，进而难以准确掌握政策执行情况，导致政策执行的实际效果不佳。

（二）政策精准性与针对性不强

在应对突发事件时，降费政策面临的一大挑战在于如何实现精准性与针对性。由于市场需求与政策支持匹配度不够、实施范围与实际效果存在缺陷，使得政策难以充分发挥其应有的作用。

不同行业在突发事件中的受影响程度及恢复能力各异，但有关降费政策往往采用"一刀切"的方式，未能充分考虑行业间的差异性。例如，《温州市人民政府关于印发应对新冠肺炎疫情进一步帮助市场主体纾困解难30条措施的通知》（温政发〔2022〕7号）中提到的费用减免政策，虽然广泛覆盖了多个行业，但在具体实施时未能充分考虑到本地不同行业的实际需求和恢复能力差异，对受疫情冲击较大的餐饮、旅游等行业，可能需要更加针对性的费用减免措施。又如，2020年发布的《人力资源社会保障部、财政部、税务总局关于延长阶段性减免企业社会保险费政策实施期限等问题的通知》（人社部发〔2020〕49号）规定，对中小微企业及有雇工的个体工商户的基本养老保险、失业保险、工伤保险的单位缴费部分实行缴费减免和缓缴政策。

上述列举的政策，对我国中小微市场主体帮扶较大，但是其精准性与针对性还需加强。中小微企业广泛分布于各个领域，扮演着重要角色，在经营规模、盈利模式以及市场定位上各具特色。疫情防控期间，尤其是疫情高峰期，多数行业的小微企业都经历了生产停滞的困境。然而，随着疫情防控转段，这些企业所面临的挑战更展现出不同的面貌。例如，那些劳动力需求低、自动化及数字化程度高并且业务不依赖实体店面的企业，往往能迅速回归正常的运营状态。相比之下，对那些对市场需求变化敏感，高度依赖实体运营，需要大量劳动力的服务业、餐饮业、交通运输业等而言，还存在一系列不确定因素，直接且深刻地影响了小微企业的复原和运营能力。此外，我国大多数个体工商户因其规模较小，加之信用评估机制尚不完善及可抵押资产匮乏等因素的制约，使得普遍性的税收优惠政策在支持小微市场主体时效果甚微，未能有效破解其发展难题。

三、政府债务扩张背后的财政隐忧

（一）特别国债资金时效性与目标性不足

在突发事件如自然灾害、公共卫生危机等背景下，特别国债是政府迅速筹集资金、应对紧急需求的重要手段，但是其时效性与目标性的不足问题依然存在。

一方面，特别国债资金的时效性不足主要体现在资金从筹集到实际支出的过程中存在一定时间延迟。为应对新冠疫情影响，《关于 2019 年中央和地方预算执行情况与 2020 年中央和地方预算草案的报告》指出，2020 年中央财政共发行 1 万亿元抗疫特别国债，通过建立特殊转移支付机制，将财政资金直达地方基层，主要用于支持地方政府公共卫生等基础设施建设和满足疫情防控相关支出。特别国债在应对突发事件时可以发挥巨大作用，短时间内能够筹集大量资金。❶ 但是在事件刚刚发生时，特别国债需要马上统筹方案，快速收拢资金，然后再对迫切需要财政资金支持的地区、行业、企业进行纾困，这对特别国债资金的应急时效性是一个极大的挑战。此外，资金到位后的分配和使用也是一个耗时的过程。特别是在突发事件中，地方政府和相关部门需要快速响应，但资金在层层审批和分配过程中可能会出现"梗阻"现象。

另一方面，特别国债资金的目标性不足则主要体现在资金使用的针对性和有效性上。虽然特别国债有着较为明确的支出方向，但由于特别国债资金的使用范围往往较为宽泛，容易导致资金分散使用，无法形成合力，使最需要财政纾困的领域和项目得不到足够的支持，从而影响整体应对效果。同时，国债资金分配的不精准也是导致目标性不足的重要原因。在资金下达和使用过程中，可能存在信息不对称、利益博弈等问题，导致一些不符合条件或效益不高的项目获得了资金支持。在实际操作中，部分资金更是被用于一些与疫情防控无直接关联的项目上。

（二）特别国债加剧政府债务负担

特别国债的发行并非一项常规性举措，而是具有应急性特点，这也决定了其不应频繁应用于日常国家经济运作之中。若过度依赖特别国债作为常规融资手段，不仅会显著削弱其原有的效力与影响力，更可能使政府陷入一种"发债循环"的困境，进而对国家的财政健康与长期稳定发展构成潜在威胁。

其一，特别国债直接增加政府的显性债务。政府债务通常分为内债和外债，而特别国债属于内债的一部分，其发行直接扩大了政府的负债规模。尽

---

❶ 邓文硕. 特别国债发行的历史经验、国际借鉴和未来展望［J］. 武汉金融，2020（6）：70-74.

管特别国债往往因其特殊目的和国家信用支持而被视作相对安全的债务形式，但这并不改变其本质，即政府对投资者的未来偿付承诺。随着发行规模的不断扩大，政府面临的到期偿还压力也随之增加，特别是在经济下行周期，政府财政收入减少时，这种压力更为显著。其二，特别国债的发行可能挤压政府的财政空间。特别国债的利息支付会成为政府未来的经常性支出，这不仅消耗了当前的财政资源，还限制了未来政府应对新挑战或实施其他政策的空间。在经济繁荣期，较高的税收收入或许能掩盖这种影响，但在经济疲软或遭遇新危机时，过度依赖特别国债作出常态化支出的后果将更加明显。其三，特别国债加重政府债务还涉及财政的可持续性问题。特别国债的频繁发行，如果没有相应的经济增长和财政改革作为支撑，将威胁到财政的长期健康。长期债务积累可能迫使政府在未来采取紧缩政策，减少公共支出，影响公共服务质量和社会福利水平。

（三）地方债债务性风险过高

在确保经济稳定与持续发展的背景下，我国政府面对突如其来的新冠疫情，采取了地方债融资措施以筹集必要的财政资源，以更全面地应对疫情防控的复杂需求。地方政府专项债券的用途不仅涵盖疫情防控还深入渗透到改善医疗卫生、教育、养老服务等关乎民生福祉的多个领域，但是其不利影响——导致债务性风险过高，则是不可忽视的。

其一，大规模发行地方债券直接导致地方政府债务风险激增。在应对突发事件的紧迫条件下，地方政府可能过于依赖债券融资，短期内看似解了燃眉之急，却在长期内积累了沉重的债务负担。例如，2020 年，全国地方政府新增债券发行规模达到了前所未有的 45525 亿元人民币，其中，一般债券发行额为 9506 亿元，专项债券则高达 36019 亿元，占据了显著比重。❶ 其二，地方政府债务的增加加剧市场对其偿债能力的忧虑。特别是在经济复苏步伐迟缓或财政收入缩减的背景下，债券违约的风险如同悬在空中的利剑，随时可能刺破资本市场的平静。受疫情影响以及一系列宽信用政策的出台，地方

---

❶ 中国民生银行研究院. 民银智库研究［C］. 2021（2）：1 - 40.

融资平台债券发行创历史新高，以融资平台为主要载体的"隐性债务"或者叫"表外债务"增速止降回升。然而，这种频繁且大规模的债务融资行为，虽为权宜之计，却也悄然削弱了公众及投资者对地方政府经济治理能力的信心，为后续债券发行蒙上了一层阴影，市场接受度难免受到影响。其三，应急性发行地方债券可能导致资金错配与使用效益低下。一些未经深思熟虑、充分论证的项目，在"赶工期"的驱使下仓促上马，最终非但未能实现预期的经济或社会效益，反而演变成了吞噬公共资源的"白象工程"。因此，防范地方政府债务风险是未来发展的必由之路，也是促进一个地区、一个国家财政长期可持续发展亟待解决的问题。

第三节　突发事件背景下财政收入制度的革新

一、强调税收政策与应急管理全过程机制的适配

突发事件对经济社会造成深远影响，对税收收入制度提出了较大的挑战。在此背景下，对现有税收收入制度进行深刻反思，提出进一步完善我国税收收入制度及相关配套机制的策略，特别是强调税收政策与应急管理全过程机制的适配，对提高国家应对突发事件的能力、促进经济复苏及增强财政体系的韧性具有重要意义。

（一）提升税收征收管理的前瞻性

在应对各类突发事件时，应细致研究以往应对措施中的特殊税收政策和征收管理机制，并在此基础上进一步细化与完善现有的财税法律体系。[1] 这不仅要求对已知的紧急情况有充分的准备，还应当具备前瞻性的视野，将那些尽管目前未曾遭遇，但未来可能出现的突发事件考虑进去，预先设定相应

---

[1] 王晨旭. 新冠肺炎疫情下韩国税收优惠政策效应分析及其对我国的启示 [J]. 税务与经济，2022（6）：48-55.

的税收政策框架，真正做到防患于未然。

其一，加强信息化建设和数据分析能力。通过数字化转型，利用大数据、云计算等技术手段，提高应急税收管理的智能化水平。不仅可以实现对税收数据的实时监控，还能通过对历史数据的分析预测未来的税收趋势和潜在风险。其二，建立完善的税务风险管理机制。提前识别可能存在的税务风险点，并制定相应的应急预案，确保一旦发生突发事件，税务部门能够迅速启动应急响应机制，减少负面影响。其三，建立健全税收规范体系。明确税务部门在应对突发事件时的权限和责任，确保所有应急行动都在法律框架内进行。通过这种"法律预设机制"，税收制度的调节功能——包括但不限于经济刺激、减轻企业与民众负担、引导资源合理配置等——能在第一时间被激活并发挥至最大效能，为国家经济的稳定和民生的安顿提供坚实支撑。此外，还要注重特殊时期国内与国际税收征管的协调对接，进一步明确特殊时期外籍人员的纳税义务，防止出现涉税争议问题。例如，西班牙财政部在新冠疫情时期就曾作出明确规定，要求逗留在西班牙时间超过 183 天的外籍人士缴纳个人所得税。❶

（二）完善税收优惠政策的具体内容

在突发事件语境下，完善我国现有税收优惠政策具体内容是紧迫且必要的。为了提升税收优惠政策的应急效能，应从强化税收优惠政策的针对性、提升税收优惠政策的普惠性、加强税收政策与其他政策的协调性等方面入手。

其一，强化税收优惠政策的针对性。在设计税收优惠政策以应对突发事件时，应当考虑到不同地域、行业及纳税个体所受冲击的差异性，从而量体裁衣，采取具有针对性和差异化的方式。具体而言，税收优惠政策需依据突发事件对各区域、行业的具体影响大小，来调整优惠的尺度与方向。更进一步地说，整体税收政策框架需预设多个层级，与突发事件的轻重缓急相匹配，确保在不同程度下都能迅速启用相应级别的支持措施。此举旨在精准施策，

---

❶　鄂渊. 因疫情滞留西班牙、居住 183 天以上的外国人应缴纳个人所得税［EB/OL］.（2020 - 09 - 26）［2024 - 06 - 18］. http：//www. ouhua. info/2020/0926/31639. html.

着重援助受突发事件严重影响的企业和个人，通过税收杠杆的有效运用，为遭遇困境的主体提供充分的扶持。

其二，提升税收优惠政策的普惠性。鉴于我国税收体系的特殊结构，突发事件的背景下，税收减免政策多聚焦于流转税与所得税。流转税与所得税的征税基础是企业的经营收入，但由于突发事件导致的大面积停工停产，企业收入锐减乃至中断，实际上造成了税基的枯竭。在此情境下，流转税与所得税相关的优惠政策效果，也会因缺乏实质性的税基而大打折扣。为此，建议增加有关房产税、城镇土地使用税等小税种的税收优惠政策，拓展优惠方式和范围。为了提升特殊时期税收优惠政策的可及性和普惠性，还需要将关注点转向低收入群体。这就要求充分发挥出个人所得税的"惠低"作用，例如，可以调增因自然灾害等突发事件受到严重损失的低收入纳税群体的税前扣除限额，实施"风险补偿"。同时，加大对低收入群体的税收减免力度，不仅能稳固民众的总体收入水平，还能增强这一群体的就业信心与安全感，进而激发他们的消费潜力，带动全社会的消费需求。

其三，加强税收政策与其他政策的协调性。单独来看，税收优惠政策在应对突发事件方面的影响力可能受限，其效能的完全释放还需依赖于与其他政策工具的紧密协作与互补。核心挑战在于，如何巧妙地将税收优惠措施与经济刺激政策、金融服务政策、就业促进政策等有机结合，形成一套协同发力的政策生态系统，以此向市场参与者，尤其是中小企业及弱势群体，释放更多红利，即所谓的"综合效益"。因此，设计和实施税收减免政策时，至关重要的一步是确保它能无缝融入政策网络，构建一条逻辑清晰、操作性强的执行路径，以"政策组合拳"的形式，精确瞄准并有效解决微观经济主体面临的实际困难和瓶颈问题，共同促进经济的韧性复苏与长期增长。

（三）推进税收治理体系现代化建设

税收管理的信息化与智能化水平，是评判一个国家税收治理体系现代化进程的关键指标。突发事件发生尤为凸显了依托信息技术进行税务管理和纳税服务的必要性。在应对突发事件中，我国的税收征管系统大体上展现了较强的适应性和韧性，特别是推广的"无接触式"纳税服务。据此，在面对未来潜在的挑战时，更应该持续提升税收征管的技术含量、优化管理流程、强化智能办税服务，以达到更高层次的税收治理现代化。其一，细化税收征管流程。税收减免政策的要素如延期缴税期限及相关征收细则应依据突发事件的严峻状况实行分层次管理，即根据事态轻重缓急设立不同的应对级别。其二，优化备案制度。税务领域应当大力推进行政备案"一网通办"，配套程序性纠错机制，精简审批流程，确保政策得以高效、准确执行。其三，顺应大数据时代的发展趋势，持续深化线上纳税服务的普及与应用。不断丰富和完善"无接触式"纳税服务的场景和渠道，减少人员聚集，提升公共服务的安全性和便捷性。其四，提高涉税信息共享水平。加深税务部门之间以及税务部门与其他职能部门之间的信息共享程度，以便税务人员更有针对性地提供纳税服务，建立涉税信息统一共享交换平台，明确交换数据的标准格式，同时强调涉税信息分级分类保护。

二、提升降费措施的适应性

（一）完善降费政策运行机制，保持政策的连续性

《关于 2023 年中央和地方预算执行情况与 2024 年中央和地方预算草案的报告》明确提出"继续规范非税收入管理，严禁乱收费、乱罚款、乱摊派"。鉴于此，未来在费用类收入的管理方面，政府还需大力度地规范降费政策。同时注重精准施策，切实帮扶中小市场主体走出困境。

其一，增强降费让利政策的确定性。借助法律手段构建长期稳定的运行机制，减少政策的频繁变动，以此增强非税收入管理的公信力与权威性。通过立法程序将有效的降费政策固定下来，形成稳定的制度安排，减少政策的临时性和不确定性，增强企业对未来成本的可预测性。在制定降费政策时，应明确政策的实施期限和延期条件，对需要长期支持的领域和行业，可以考虑将降费政策纳入长期规划，兼顾政策的连续性。其二，应强调降费措施设计的全面性和协调性。在现有行政性收费项目的基础上，整合并精简那些针对个体工商户的降费措施，确保每项政策都有清晰的目标定位，避免功能重叠或冗余政策的产生。在突发事件背景下，应进一步扩大降费政策

的覆盖范围，不仅限于特定行业或领域，而是根据实际情况，将更多符合条件的企业和个人纳入降费范围。其三，实施定期的政策效果评估机制。加强降费政策的执行力度，确保政策落实到位、不打折扣。建立健全政策执行监督机制，对政策执行情况进行定期检查和评估，及时发现问题并督促整改。通过对比分析政策执行前后的各项指标，准确评判降费举措的实效，及时识别并纠正执行过程中的偏差，同时深入研究政策的持续适用性，以确保政策能够更好地服务于经济发展大局。

（二）提高降费政策的精确度，助力中小微市场主体纾困

目前，将降费政策切实落地已成为政府部门、事业单位以及政府授权的机构的一项常态性、长期性工作，而政策所带来的红利正是中小微市场主体持续成长与发展的关键动能。不过，面对繁多且条理不清、缺乏统筹规划的政策环境，相关主体在享受政策福利时遭遇一定阻碍。

其一，政府在政策制定阶段亟须实现规范化。一方面，逐步清理费用减免政策中不必要的繁复内容，合并重复的政策措施，确保阶段性的降费政策有序退出。另一方面，明确界定政策实施的具体标准与程序，通过简化流程、优化优惠措施，使政策更加集中高效。政策表述应当力求简洁明了，以便于相关主体理解和灵活运用。其二，资金支持方面，应减少信贷相关费用。例如，信贷减免利息政策是降费政策的一种具体体现，通过降低或免除部分利息来帮助个人和企业渡过经济难关，提高借款人的还款能力。政府可联合金融机构设计推出一系列针对中小微企业的低息信用贷款产品，并辅以财税优惠政策，如贷款利息部分的税收抵扣或补贴，同时减少贷款相关费用，以降低企业的融资成本。其三，提升降费政策的实施效果。在减轻负担的维度上，要注重推进降费政策的深度执行，鼓励省级政府最大限度地执行重点减免政策，确保个体工商户能深入受益于政策红利，实现压力的实质性减轻。对中小微企业实施更加精细化的支持措施，如减免特定期间的社保费用等，减轻企业的直接成本负担。地方当局应依据本地中小微企业的实际运营情况与发展趋势，通过精确分析其特性与需求，定制化地推出帮助其减少劳动力成本和能源消耗等经营开支的政策措施。

三、确保政府债务风险安全可控

(一) 优化政府总体债务结构

部分地方政府在应对突发事件的过程中，过度依赖举债融资，导致地方债务负担加重，债务风险累积。目前，我国正在建立防范化解地方债务风险的长效机制，实质上为地方政府提供了宝贵的"财政喘息空间"，使之得以从高企的债务泥潭中逐步解脱，转向更加健康、可持续的发展模式。下一步，应当实现债务结构优化转型。

其一，中央政府层面，提升国债在国家债务组合中的比例，优化债务结构布局。2023 年 10 月，中央金融工作会议召开，着重强调了中央与地方政府债务结构调整的迫切需求，意在构建更为稳健的财政金融生态。❶ 当前环境下，中央政府相较于地方政府，拥有更为宽广的杠杆操作空间，这为利用长期国债工具，提升国债在整个债务体系中的权重，提供了契机和可行性。长期国债的发行，不仅能够有效增强国债在整个债务结构中的主导地位，而且鉴于国债本身的高信誉度与低违约风险特性，进一步优化了债务配置，降低了整体债务风险水平。相较于地方债务或其他类型债务，国债由于国家信用的强大背书，通常具有更低的融资成本与更长的偿还周期，这为国家财政的灵活运作与经济的长期健康发展奠定了坚实基础。尤为关键的是，中央政府通过发行超长期特别国债，可以有效缓解地方政府的财政压力，为地方经济的稳健增长创造条件。

其二，地方层面，激发创新机制，创设多元化再融资债券。再融资债券旨在实现债务的有效滚动管理，以此预防集中兑付可能引发的风险，并有效分散短期偿债的重压。同时，推动隐性债务向显性化转型，增强债务透明度与管理的规范性。此外，鼓励积极运用创新型金融工具——不动产投资信托基金（REITs）。不动产投资信托基金的引入不仅有助于地方国有企业优化其

---

❶ 中央金融工作会议在北京举行［EB/OL］.（2023－10－31）［2024－06－05］. http：//politics. people. com. cn/n1/2023/1031/c1024－40107348. html.

资产与负债结构，显著降低资产负债率，还能够通过市场机制大幅提升基础设施资产及资本金的流动性和周转率。其有助于直接提升相关主体的整体资产回报率，有效缓解地方基础设施建设过程中的再融资压力，进而间接地减轻地方政府在基础设施建设相关支出上的负担，促进财政资源的合理配置，保障财政的可持续发展。

优化债务结构不仅是政府主动应对经济挑战、降低系统性风险的战略选择，也是推动财政政策与货币政策协同配合，实现经济稳增长与防风险双重目标的重要举措。这一路径的选择，既体现了对当前经济现实的深刻洞察，也为国家经济长远发展构建了安全防护长效机制。

（二）保障特别国债资金的使用效率与时效性

特别国债作为一种特殊的国家债务形式，通常在应对金融危机、大规模基础设施建设、重大突发事件等特殊时期发行，具有针对性强、规模大、期限灵活的特点，但在实际运行中也可能出现期限错配、效益不佳等风险。因此，有必要强化项目执行的监督与评估以保障特别国债资金使用效率与时效性。

其一，确保特别国债资金的投放精准对接国家战略需求和经济发展的关键领域。这意味着政府在设计特别国债项目时，需进行充分的前期调研和科学规划，识别那些能够产生最大乘数效应、带动产业链升级、促进就业和消费的领域，如新型基础设施建设（5G研发应用、大数据中心、新能源汽车充电桩等）、公共卫生体系完善、教育与科技创新等。资金配置应遵循"效率优先、兼顾公平"的原则，确保资金使用的社会效益和经济效益。其二，提升时效性要求，简化特别国债资金的审批和拨付流程，减少不必要的行政层级和手续。建立快速响应机制，对紧急且重要的项目，可设立绿色通道，缩短审批时间，确保资金能够迅速到位。同时，利用数字化手段，如建立在线申报、审批平台，实现数据共享，提升工作效率，减少人为延误。其三，资金使用效率的提升离不开严格的绩效管理和监督机制。政府应建立健全特别国债资金使用的绩效评价体系，明确项目的预期成果、阶段性目标及评价标准，实施事前评估、事中监控和事后审计，确保资金流向与使用效果的透明度和公开性。❶ 对进展缓慢或成效不明显的项目，及时调整或终止，避免资源浪费。其四，建立有效的激励与约束机制。一方面，对高效使用资金、项目进展顺利的地区或单位，给予适当奖励或税收政策倾斜，激发积极性。另一方面，对资金使用不当、绩效不佳的情况，应有明确的责任追究机制，增强各级管理者对资金使用的责任感和紧迫感。

此外，为了提升对特别国债的本金和利息的支付能力，政府可以通过滚动发行国债的方式来实现。即在国债到期前，政府可以发行新的国债来偿还即将到期的国债。这种方式能够确保国债市场的稳定运行，同时满足政府长期的资金需求。而且，还需要增加债务政策透明度。通过媒体、互联网等多种渠道，定期向社会公布特别国债资金的使用情况、项目进展及效果评价，增强政策可预期性，接受公众监督。这不仅能提高政府决策的公信力，还能激发民众对政府政策的支持和参与，形成良好的社会氛围，进一步提升资金使用的社会效果。同时引入市场竞争机制，鼓励并促进政府与社会资本合作模式的应用，可以有效拓宽融资渠道，减轻政府财政负担，提高项目执行效率和质量。

（三）释放积极信号以增强市场主体信心

在特殊时期，政府需要明确展现其致力于通过投入直接资本来催化经济增长的决心，旨在提升就业水平与增进公共福祉。此番行动不仅有利于表明政府对经济复苏的坚定承诺，还为市场参与主体绘制了一幅清晰的蓝图，预示着未来持续的财政扶持将成为常态。

其一，政府应公开、明确地传达长期发展规划和短期政策目标。特别是关于国债政策、市场准入等方面的连续性和稳定性，减少国债政策不确定性对市场的干扰。其二，政府应适时利用债务融资打破总需求萎靡的僵局。这种策略性运用公共资金，不仅能够直接刺激经济循环，更通过信心与预期的正向反馈机制，触发私人部门的积极响应，形成政府与市场合力驱动下的经

---

❶ 郑春荣. 论国债发行的预算控制 [J]. 上海财经大学学报，2009 (5)：76 – 83.

济增长良性循环。最终，有利于实现预期的积极转变与实际经济产出的提升相互促进，共同推动经济走出低谷。其三，定期召开经济形势通报会，及时发布权威经济数据和政策解读，以此增强国债政策的确定性，并通过官方渠道积极回应市场关切，减少谣言和误解。

第六章

突发事件背景下的
财政支出制度

　　充足的应急资金支持是整个应急管理体系有效运作的保障和基础，在突发事件应对过程中，财政支出制度无疑是彰显财政兜底保障作用的一大场域。通过实施特殊的财政支出政策，政府能够实现靶向发力，为突发事件的应急处置提供积极的财力支持。面对新冠疫情的冲击，我国在财政支出领域灵活采取了多种政策工具，其中尤以财政资金直达机制、财政预备费和政府消费券较为突出，下文也将围绕这三类具体的财政支出制度展开探讨。

第一节 财政资金直达机制及其常态化建构

在新冠疫情的冲击下，政府采用"财政资金直达机制"敏捷地应对危机。相较于传统的资金分配模式，财政资金直达机制显著提升了资金分配的精准度和效率。在传统模式中，财政资金往往需要经过多级传递，流程烦琐，耗时较长，容易造成资金沉淀与分配不公。而财政资金直达机制是对现有财政转移支付体系的革新，标志着财政管理体制在新时代背景下的新探索、新形态与实践突破。财政资金的分配借助全链条、全视域的透明监管机制，采纳"数字化动态监控"策略，实现了多机构协同，持续监控财政直达资金的运用效能，减少了资金用于非预定用途的状况，为中央财政直达资金的"最后一公里"疏通了关键渠道。然而，财政资金直达机制在实际运行中也面临着一系列挑战。例如：如何在保证速度的同时提升财政资源配置的科学性与合理性，避免脱离实际需求；如何在各级政府间建立更顺畅的协调机制，确保政策意图准确传达与执行；如何利用现代信息技术手段强化监管能力，及时发现并纠正政策执行偏差。更为重要的是，财政资金直达机制如何实现常态化发展，以确保长效化运转。上述问题也关系到我国转移支付方式的创新性改革，需要持续关注。

一、财政资金直达机制的兴起与运行

（一）"财政资金直达基层"政策的提出

2020 年，新冠疫情在全国范围肆虐，地方财政特别是基层财政的减收增支压力持续增大。为缓解财政压力，财政部着重强调"六保"政策中的关键领域——保基本民生和保市场主体，并为此特别增配了 1.7 万亿元的中央财政直达资金。2021 年，中央财政直达资金从 1.7 万亿元增加到 2.8 万亿元，除继续强化基层的就业保障、民生维护和市场主体扶持外，还将重点加大对基本医疗服务、基本住房保障、农田水利建设等关乎民生根本领域的投资，力求实现民生补助资金的全面覆盖，为地方财政执行各类惠民助企政策提供更为充裕且及时的资金支撑。从实施效果上看，财政直达资金的精准投放与高效使用，不仅有效支撑了疫情防控，还为经济恢复、市场稳定、就业保障以及基层治理提供了强有力的财政后盾，在应对重大突发公共卫生事件中具有积极意义，如表 6 - 1 所示。

表 6 - 1　财政资金直达机制的作用效果

作用领域	实际效果
新冠疫情防控	为做好疫情防控工作，部分地方将直达资金用于疫情防控支出，如武汉市安排了 47.26 亿元直达资金，支持 11 个中心城区医院改扩建和基层医疗卫生服务体系建设[①]
扶持市场主体发展	超过 140 亿元的直达资金通过贷款贴息、援企稳岗、补贴补助等各种措施投放到"保市场主体"领域，惠及中小企业近 8 万家，个体工商户超过 6 万户，让纾困政策直达市场主体[②]
保障居民就业	针对疫情期间的就业难题，超过 150 亿元的直达资金用于稳岗补贴、职业技能提升等项目，以优先保障就业，不仅为失业人员提供了再就业机会，也为经济复苏奠定了人力资源基础[③]
确保基层有序运转	直达资金显著增强了基层可用财力，确保基层政府的正常运转和基本公共服务供给。例如，广东省向市县基层下达直达资金 243.5 亿元，实现了所有县区财力性转移支付只增不减[④]

资料来源：
①②佚名. 直达机制运转有力有序有效：直达资金为各地"六稳""六保"提供有力保障 [N/OL]. 中国财经报, 2020 - 08 - 28 [2023 - 11 - 05]. http: //czt. gd. gov. cn/zwgk/czzjzdjc/content/post_3236267. html.
③④曾金华. 让直达资金"一竿子插到底" [N/OL]. 经济日报, 2020 - 08 - 27 [2023 - 11 - 05]. https: //www. gov. cn/xinwen/2020 - 08/27/content_5537777. htm.

相较于传统的资金拨付机制，"财政资金直达基层"具有以下显著优势：第一，快速响应资金需求。在传统财政资金分配流程中，资金往往需要经过多级审批才能到达基层使用单位，容易导致资金在层层传递过程中滞留或延误。财政资金直达机制简化了审批流程，减少了中间环节，使得资金能够更迅速地从中央直达市县乃至更基层的使用单位，确保在紧急情况下，应急资金能够及时满足疫情防控、民生保障等迫切需求。第二，减少资金截留风险。通常而言，财政资金在由中央逐级下拨的过程中，存在被省级或市级政府截留挪用的风险，由此可能削弱对基层的实际支持效果。财政资金直达机制通过建立直接的资金输送通道，最大程度确保相关资金集中用于民生保障、小微企业扶持、就业支持等关键领域，直接惠及企业和民众。第三，增强中央层面的宏观调控能力和收入再分配能力。从根本上分析，财政资金直达机制的构建是对转移支付制度的适度创新，有利于对固有的中央和地方财力格局作出深层次调整，增强中央政府在应急响应过程中的全局规划和统筹能力，确保地方财政贯彻中央的政策意图。

（二）"财政资金直达基层"的运行机制

1. 资金分配与下达

财政资金直达机制是一种特殊的转移支付机制，其独特性在于遵循高效的运作模式——"中央切块、省级细化、备案同意、快速直达"，充分体现出"中央财政宏观调控、省级财政居中协调、基层财政优先安排"的特点，如图 6 - 1 所示。具体而言，首先由财政部根据因素法将资金分配到各个省份，然后省级财政部门根据本地区的实际情况，对财政直达资金进行进一步的细化并分配到市县，细化后的分配方案需要上报给财政部进行备案。在财政部审核并提出意见后，省级财政部门会根据反馈进行必要的调整，最终将调整后的资金直接下达到市县，以实现资金的快速直达。中央财政直达资金的分配更加注重效率与针对性，确保能够跨越多级政府层级，快速、精准地投放到最需要的地方，有效促进了资源的优化配置与政策目标的及时实现。财政直达资金有效缓解了突发事件中企业经营活动、居民日常活动受到的消极影响，在一定程度上，保障了居民就业和基本民生，维护了市场稳定和经济秩序。

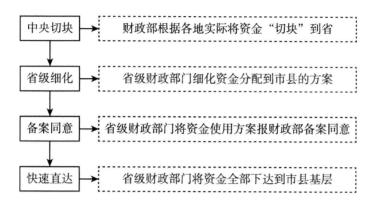

图 6 - 1　中央财政资金直达基层的基本流程

2. 监督管理

自 2020 年 6 月起至 2023 年 2 月，财政部为提高中央财政资金直达机制的效率和透明度，陆续发布了一系列相关政策文件，如表 6 - 2 所示。这些政策文件的出台有利于规范资金的分配、管理和监督，确保资金能够快速、准确地到达需要的地方，并得到有效使用。从 2020 年 6 月的初步政策制定，到后续的细化和调整，再到 2023 年对资金管理事项的进一步明确，反映了财政部在不断优化直达机制，以适应不断变化的经济和财政需求。可见，构建一个严密且高效的监督管理体系对财政资金直达机制的健康运行至关重要。

表 6 - 2　财政部关于中央财政资金直达机制出台的相关文件

序号	政策文件	发文时间
1	《中央财政实行特殊转移支付机制资金监督管理办法》（财预〔2020〕56 号）	2020 年 6 月 16 日
2	《财政部关于做好直达资金监控工作的通知》（财办〔2020〕29 号）	2020 年 6 月 18 日
3	《财政部关于加强直达资金常态化监督的通知》（财监〔2020〕13 号）	2020 年 7 月 21 日
4	《财政部办公厅关于直达资金管理有关问题的答复意见》（财办预〔2020〕111 号）	2020 年 8 月 25 日

续表

序号	政策文件	发文时间
5	《财政部关于提前部署做好 2021 年财政资金直达机制有关工作的通知》（财预便〔2020〕276 号）	2020 年 12 月 7 日
6	《财政部关于指导做好直达资金结转等工作的通知》（财预〔2021〕3 号）	2021 年 1 月 11 日
7	《财政部关于进一步做好财政资金直达工作的通知》（财预〔2021〕165 号）	2021 年 11 月 12 日
8	《财政部关于做好 2022 年财政资金直达工作的通知》（财办〔2022〕12 号）	2022 年 3 月 14 日
9	《财政部关于 2023 年财政直达资金管理有关事项的通知》（财办〔2023〕8 号）	2023 年 2 月 10 日

3. 多部门联动

财政资金直达机制是中央政府为加快财政资金流动速度、提高资金使用效率、确保资金直达市县基层并有效支持经济和社会复苏而建立起来的，特别是在新冠疫情期间的"六稳"（稳就业、稳金融、稳外贸、稳外资、稳投资、稳预期）和"六保"（保居民就业、保基本民生、保市场主体、保粮食能源安全、保产业链供应链稳定、保基层运转）任务之下。其直接惠及民生福祉与中小企业，减少了资金流转过程中的损耗，确保公共资源精准投放到最迫切需要的地方，是促进社会公正、增强公共资源配置效率的有效实践。财政资金直达基层代表了从"层层审批"到"点对点送达"的财政管理模式的根本性转变，倒逼财政系统向更高层次的灵活度、透明度和响应速度迈进，引领财政体系朝向更高效、精细化管理方向演进。应当指出的是，财政资金直达机制的实施主体涉及广泛，不仅包括财政部门，还包括人民银行、审计部门、民政部门等，整体上呈现出"多部门联动"的格局。财政资金直达机制的有效运行对这些部门提出了不同的要求，如表 6 - 3 所示。

表6-3　财政资金直达机制中的部门联动机制

部门主体		总体要求
财政部门	国务院财政部	统筹考虑各地经济社会受疫情影响程度、公共卫生等基础设施投入和抗疫相关支出需要，审核确认地方政府制定的直达资金分配方案，建立直达资金全链条、全过程、全方位监控框架
	省级财政部门	当好"过路财神"，及时将直达资金全部下达到市县，推动财力持续向困难地区和基层下沉，不做"甩手掌柜"
	市县财政部门	对直达资金使用作出妥善安排，落实中央"六稳""六保"任务
人民银行		组织各级国库按照拨款指令及时办理直达资金拨付，优化国库业务流程
审计部门		组织开展直达资金专项审计，对直达资金分配、拨付、使用、绩效等情况实施全过程跟踪审计，及时发现财政资金直达机制运行中存在的问题，督促地方严格整改
民政部门		严格按照直达资金使用要求和国库集中支付制度拨付资金，强化直达资金监管，确保资金支付安全
人力资源和社会保障部门		强化直达资金跟踪监测，按月调度各地社保资金发放，确保直达资金规范高效使用

4. 信息系统支撑

财政资金直达机制的创新性还体现在监控程序层面，政府充分运用数字化、信息化手段，构建直达资金监控平台，实现了直达资金预算分配和支付全流程追踪监控。资金监控平台根据设定的监控规则，对直达资金业务办理过程中出现的不规范问题进行自动预警，帮助相关部门及时发现突出问题并进行处置整改，有效解决了传统专项财政转移支付中可能出现的资金占用、挪用及截留等问题，从而实现了"高速直达、精确投放"，确保资金分配、拨付、使用全程留痕并且实时追踪，极大增强了财政政策在特殊时期对经济总量、结构调整及综合效益的正面影响。得益于此机制，中央财政资金最快可在一周内抵达基层，极大地缓解了市县两级政府的财政紧张状况。

二、财政资金直达机制的运行检视

(一) 资金分配对省级政府财政调控的积极性有一定影响

在中央政府对资金初步分配（通常称为"切块"）以及省级政府进一步将资金细化分配给下级地方政府的过程中，各省级单位及省内的基层市县往往力求为自己争取更多的资金支持。这种情况不仅是因为基层财政面临着前所未有的资金短缺问题，也反映了各级政府机构普遍存在的争取最大化预算资金的倾向。

在维持中央至乡级的五级政府体制结构并确保各层级财务自主权及责任主体身份稳固（遵照"三不变"基本原则）的情况下，实施财政资金直达机制，可能会遭遇到省级政府积极性缺失的问题。从权力下放的国家治理视角审视，这种直达机制实则映射出中央与基层的双重管理架构。财政直达资金的分配过程避开了省级层次，由中央直接注入基层，这无疑对省级政府的财政权力的行使引发了潜在风险。此外，财政资金直达机制还会对省级财政体系产生两个深远的影响：一方面，省级政府在资金集聚能力上会出现滑坡，尤其是在经济增速缓慢、税收渠道单一且财政根基脆弱的区域；另一方面，省级财政的调控力量亦将面临一定的削弱，过往由省级为主导的多级转移支付机制的协调效能或将受损。

(二) 绩效考核体系完善度欠缺

中央已明确指示，所有直达资金必须按照中央财政转移支付资金的模式，全面接受绩效管理制度的规范与评估。❶ 绩效考核被视为确保直达资金高效运用的关键手段，并原则上确立了"谁支出、谁负责"的基本方针，要求审计部门担当起监督重任，确保绩效评价覆盖直达资金使用的全生命周期。但现行的考核机制设计尚显粗放，缺乏详尽的操作规程。具体来说，考核内容界定模糊，未能精准囊括合规性、经济性、效果性等具体要求；考核主体的

---

❶ 周跃辉，许正中，王瀚锋. 完善中央财政资金直达机制 [J]. 中国金融，2022 (8)：77-78.

责任分配不明确，导致在协同监管过程中容易发生职责交叉或监管空白，对监督的效率与效果造成了不利影响；考核方式与量化水平尚处于初级阶段，欠缺科学、合理的评估依据和量化标准，难以精确评估中央财政直达资金应用的实际成果；考核周期设定未能充分适应项目多样性及实际运营需求，或过于紧凑干扰日常运作，或间隔时间过长导致问题发现滞后；缺乏有效的考核结果反馈机制，导致考核成果难以转化为实际行动，阻碍了中央财政直达资金政策目标的高效达成。

（三）监督机制尚存不足

中央财政直达资金是政府推动经济复苏、保障民生的重要工具，如何有效管理和监督是税收治理中的重要议题。然而，在实际操作层面，直达资金的监督机制面临着诸多挑战，在一定程度上制约了资金使用的透明度与效率，影响了政策初衷的有效落实。

其一，虚报虚列、违规拨付、资金滥用等现象时有发生，暴露出直达资金监管体系的脆弱性。一方面，直达资金违规拨付。在直达资金的使用过程中，部分地区存在违规将资金拨付至预算单位实有资金账户、财政专户或超进度将资金拨付至项目单位的现象。❶ 这导致了资金流向不明，增加了资金被滥用的风险。另一方面，直达资金违规使用。审计署发现，部分地区违规将直达资金用于清偿欠款、招商引资或其他与抗疫无关支出。❷ 尽管制度设计之初衷在于简化流程、提高效率，直击基层需求，但监管漏洞的存在却让一些单位通过各种隐蔽手段挪用或侵占资金，严重违背了资金直达的公平与正义原则，损害了公共利益。

其二，监督机制过度依赖内部监管机构，忽略了社会公众这一重要监督力量。尽管审计、金融、税务等部门的专业监督不可或缺，但内部监督往往

---

❶　财政部新闻办公室. 常态化财政资金直达机制国务院政策例行吹风会文字实录［EB/OL］. （2021 – 05 – 21）［2024 – 06 – 21］. http：//bgt. mof. gov. cn/zhuantilanmu/rdwyh/czyw/202105/t20210521_3706545. htm.

❷　田琪永. 审计署：部分地区直达资金预算等方面存在问题［EB/OL］.（2021 – 05 – 21）［2024 – 06 – 21］. https：//m. news. cctv. com/2021/05/21/ARTIE0ihwe8JIdrfMvqmvxNs210521. shtml.

受限于信息获取的局限性和利益相关性，难以做到全方位无死角。社会公众作为直达资金的直接受益者或潜在受影响者，其监督意愿强烈且视角多元，但由于缺乏有效的参与机制和信息反馈机制，这部分力量未能得到有效整合和利用，形成了监督资源的浪费。再者，现有监督机制在体制内部的具体分工与合作方面尚显模糊，导致监督效能大打折扣。各部门间的职责边界不明确、信息共享不畅，使得监督过程容易出现推诿扯皮、重复劳动或是存在空白地带，难以形成有效的监督合力。这种内部协调不足的状况，进一步加剧了直达资金监督的"黑箱化"，降低了公众的信任度。

（四）直达资金存在使用不当与失范的现象

作为创新实施的特殊转移支付机制，直达资金突破了固有财政资金安排的边界和限制，但在实际的分配使用过程中也可能会出现新的问题。从现实情况看，部分地区在直达资金的预算分配、资金拨付、资金使用等方面存在不合理现象，一定程度上制约了直达资金惠企利民功能的发挥。在现行直达资金拨付流程下，基层单位负责发起资金申请，随后逐级上报至中央政府。然而，这个过程容易受到信息不对称的影响，中央政府难以全面准确地验证所有申报资金和项目的实际状况。因此，某些应急民生资金需求可能未得到应有的重视并及时拨款，导致救助或支持不够精准，影响了资金使用的有效性。根据财政部的数据，截至 2021 年 4 月底，中央财政的 2.8 万亿元直达资金已经下拨 92.1% 至地方，各地区形成的支出总额为 1.071 万亿元，[1] 支出进度达到了 41.5%。这一进度分别比地方一般公共预算支出进度高出 10.3 个百分点，比序时进度高出 8.2 个百分点。[2] 实践中可能存在的问题在于，直达资金快速下拨至地方，但是支出进度落后于资金下拨进度，意味着资金到位后并未立即转化为实际支出而造成"钱等项目"的现象，主管部门和项目单位在前期准备工作中可能存在不足，导致资金虽然到位，但未能及时启

---

[1] 曾金华. 2.8 万亿元资金超九成下达基层：财政直达资金惠企利民 [N/OL]. 经济日报，2021 - 05 - 23 ［2023 - 06 - 27］. https：//www. gov. cn/zhengce/2021 - 05/23/content_5610480. htm.

[2] 李忠峰. 今年超九成财政直达资金已下达 [N/OL]. 中国财经报，2021 - 05 - 25 ［2023 - 06 - 27］. http：//www. mof. gov. cn/zhengwuxinxi/caijingshidian/zgcjb/202105/t20210525_3708351. htm.

动相关项目或活动。快速下拨的资金未能及时转化为支出，可能导致资金沉淀甚至闲置，影响资金的整体使用效率。

为摸清财政直达资金的政策落实情况和执行效果，审计署组织全国审计机关对实行直达管理的财政资金开展了全过程、全覆盖跟踪审计，并延伸调查了直达资金使用的其他相关单位和企业。2021 年 6 月，审计署公开的《国务院关于 2020 年度中央预算执行和其他财政收支的审计工作报告》中称，部分地区存在资金分配不精准、下达支付不及时、扩大支出范围或虚报冒领、虚列支出或违规拨付等突出问题。此外，根据广东、山东、云南等省份公布的当地 2020 年度省级预算执行和其他财政收支的审计工作报告，部分市县存在直达资金未直接拨付受益对象、下达分配较晚、未及时细化安排到具体项目、用于不符合政策的项目等问题。以上分析表明，在直达资金机制的实际运行过程中，存在着资金使用不规范、管理不善等问题，这不仅影响了疫情防控工作的针对性和效率，还可能导致公共资源的浪费。

三、迈向常态化：财政资金直达机制的建构逻辑与路径

在一定程度上，财政资金直达机制的兴起是基于新冠疫情这一偶发因素。但从财政体制的变革趋势审视，财政资金直达基层又具有一定的历史必然性，其顺应了当下基层财力缺口亟须大量资金填补的现实，是优化中央与地方政府间财政关系的必要手段。从长远来看，在完善已有应对突发事件的财政资金直达机制的基础上，需要将其作为一项常态化制度继续推行，以此推动财力持续向基层下沉，保障基层财政平稳运行。❶

（一）常态化财政资金直达机制的建构逻辑

第一，实现财政资金"一竿子插到底"。财政转移支付本质上是一种自上而下的资金分配方式，实质上是对"财力下沉"理念的实践，即直接增强市县基层的财力，确保资金能够更直接、更高效地用于基层需要，同时也是

---

❶ 孙玉栋，席毓 . 常态化财政资金直达机制构建 ［J］. 中国特色社会主义研究，2022（2）：42 – 47.

在"最后一公里"的财政管理中增强治理效能、提高资金使用透明度和使用效果的具体体现。❶ 在构建常态化财政资金直达机制的过程中，核心在于实现资金流通路径的"垂直穿透"，即采取"一竿子插到底"的策略，❷ 直接将财政资源从中央层面输送至市县基层，缩短资金流转链路，提升资源配置效率。此机制通过"中央切块、省级细化、备案同意、快速直达"的操作模式，确保资金在遵循明确规则的同时快速精准地抵达最需要财政支持的基层单元，避免了传统财政转移支付中可能存在的层级繁复、效率损耗问题。

第二，实现资金使用的权责清晰。财权与事权的不均衡配置是当前我国财政体系中一个显著问题。常态化的财政资金直达机制，在维持原有财权与事权界线的同时，弥补了传统转移支付机制的制度短板，实质性增强了地方政府的财政自主权限，发挥了地方政府在公共服务供给上的相对优势，促进了"权利与责任明确"的财政体系构建。鉴于常态化的财政资金直达机制所涵盖的项目与基础公共服务高度重叠，且大部分基础公共服务属于央地共同责任，中央向地方直接拨付的资金，既涵盖了缓解地方财政困境的支持款项，也包含了中央委托地方执行的财政事权。因此，这一直达机制确保了资金流转渠道的畅通无阻，强化了省级政府的责任落实，严防省级政府占用直达资金，确保资金能够更多用于民生补助等领域，以此构建起清晰的权力与责任划分体系。❸ 据此，财政资金直达机制走向常态化的重要逻辑是构建一个权责分明的财政转移支付机制，明确界定中央与地方政府的权责边界，减轻财权与事权不对等状况，激发各级政府的主动性，更有效地促进政府间的协作与职能分工。

（二）常态化财政资金直达机制的建构路径

1. 提升财政直达资金使用效益

财政资金直达机制具有天然的制度优势，在资金层层分解下拨的过程中

---

❶ 李亚斌. 财政资金直达机制常态化的运行方式和内在逻辑 [J]. 地方财政研究，2021（11）：17－23.

❷ 金观平. 推动财力真正下沉基层 [N]. 经济日报，2023－02－16（1）.

❸ 范方志，彭田田，唐铁球. 建立常态化财政资金直达机制的内在逻辑与路径选择 [J]. 经济纵横，2022（11）：115－121.

超越了传统转移支付的资金拨付速度。据此，需将突发事件期间创立的临时性财政资金直达机制固化为常态化的制度安排，持续巩固其成效。为了稳固建立这一常态化的资金直通渠道，至关重要的是要坚持"谨慎行事"的基本原则，确保直达机制在制度层面得以有效执行，从而充分发挥其在优化资源配置、强化财政效能方面的作用，为财政管理体系的持续革新奠定坚实基础。❶

其一，资金的供给与规模应该显著增强。中央可通过增量发行抗疫特别国债等途径筹集资金以为基层提供有力的财政支持。其二，简化资金分配流程。财政资金直达机制的兴起使得省级政府的角色转变为资金细化分配的协调者，确保资金流向更加透明、高效。为了进一步实现资金分配"一竿子插到底"，还需在制度设计上不断完善。例如，探索将直达资金与横向转移支付相结合，通过"一省帮一城"等形式，增强资金使用的针对性和互补性。其三，建立全链条的监控系统。通过审计监管和绩效评价等多重机制，保障直达资金的安全与合规使用，防止资金的错配或滥用。构建清单化管理机制，明确资金支出框架，确保资金用途明确且可溯源。其四，提升资金使用的灵活性。为提高资金使用自主性，应当鼓励地方结合当地实际情况统筹安排分配直达资金，允许地方按照规定程序调整资金用途。

2. 加强财政直达资金的支出管理

首先，优化财政直达资金的配置策略，全面提升资金管理的综合效率与效能。中央财政直达资金遵循"中央切块、省级细化、备案同意、快速直达"的操作模式，其中省级财政部门扮演着资金科学分配的中枢角色，需精确平衡各方需求，确保财政资源精准对接实际所需。一方面，强化省级财政部门的决策科学性。根据中央宏观政策导向，结合本地区的实际情况，灵活运用"中央切块"资金，制定出既公平又高效的分配方案。另一方面，资金分配的公正性与精确性还需依托于对地域经济影响因素的精细化分析。要从实证角度出发，全面考察地理区位、产业结构、人口分布、历史投入产出比

---

❶ 王桦宇，鲍春晖. 财政资金直达机制的法治化运行 [J]. 地方财政研究，2021 (11)：11 - 16.

等多个维度，利用大数据和智能化工具深度挖掘各地的具体需求及变化趋势，实现资金需求量的精准量化。只有不断提升直达机制供给与地方资金需求的适配度，才能有效防止资源错配，精准滴灌到经济发展的关键领域和民生急需之处。

其次，强化中央财政直达资金的支付管控。一方面，要严格界定并细化中央财政直达资金的使用范畴，聚焦于民生福祉的提升与企业的实际利益。确保这些"民生血液"能够均衡并且精准地滋养到教育、医疗、社会保障及扶持小微企业等关键领域。中央财政直达资金的拨付应严格遵循合同协议、项目实施进度及实际资金需求，依托规范化流程，实施专户管理与专项核算，资金的动向要做到账目清晰、用途明确，坚决贯彻"专款专用"原则，为资金的有效监管打下坚实基础。另一方面，构建全方位、动态化的资金流向监控体系，确保财政直达资金安全使用。利用现代信息技术，如区块链、大数据分析等手段，实施资金流动的实时追踪，确保资金从源头到末端的全链条透明化，不留监管死角。同时，建立快速反应机制，一旦发现资金虚报、冒领或被非法截留挪用等违规行为，立即启动调查与纠偏程序，严惩不贷，从根本上维护财政资金的安全与公共利益。通过这种双管齐下的严格管理，财政直达资金才能真正成为促进转移支付机制转型、推动经济高质量发展的强大动力。

3. 加强财政直达资金使用的绩效考核

各级单位应当建立健全直达资金绩效管理机制，明确绩效目标设立、监控管理、审核评估、整改问责等各个环节的责任主体。一方面，精细绩效目标管理。各级单位应紧密结合项目特性，明确绩效目标的制定，通过量化、细化的指标设定，精准反映资金使用预期与项目重点，确保资金的投入具有明确的导向。另一方面，构建绩效驱动的动态管理和责任体系，形成"评价—反馈—调整—再评价"的持续优化循环。根据项目实施的具体进展与绩效评估结果，定期回顾资金运用的实际成效，确保迅速调整政策导向，从而使财政投资持续集中于回报高、影响力大的关键领域。同时，通过建立严格的绩效考核机制与问责制度，对资金使用低效或违规行为采取相应问责方式，制定清晰的考评规则，有效督促各级单位提升资金管理效率。

4. 加强信息系统建设

信息系统的全面升级，能够为强化财政直达资金监管提供保障。一方面，深化财政直达资金的精细化管理。要求不断细化各级政府财政部门的职责界限，促进上下级政府的紧密联结与互动。同时，强化横纵两向的部门协作与管理合作，营造一个信息开放共享、决策透明同步、监督相互补强的治理生态。各级政府应立足于财政大数据的深厚土壤，强化对直达资金流动轨迹与绩效表现的分析与把控力，不断精进监管措施的针对性与实效性，为财政直达资金的安全、高效、透明流通铺设一条坚实的数字化道路。另一方面，要积极利用科技赋能。加快财政大数据平台建设，构建具备数据共享、智能搜索、统一监管、监测预警、分析研判、联动指挥等核心功能的数据管理平台。各级政府以及财政、审计等部门应以财政大数据平台为支撑，提高对财政直达资金进度、绩效的分析和管理能力。重视日常监督的"最后一公里"，持续加强监管机制的稳定性和持久性。❶　　一旦发现违规行为，应采取一系列措施清晰界定整改标准，并设定明确的时间限制，同时紧密跟进整改的实际进展，持续强化对直达资金全生命周期跟踪监督，并推动监管智能化转型，确保这些资金能够直接惠及基层，从而最大化地提升资金使用的正面效应。

第二节　应对突发事件的财政预备费

一、财政预备费之定性

《预算法》第 40 条规定了预备费的提取比例和使用范围。预备费作为预算管理中的重要组成部分和应急财政体系中的核心要素，扮演着应对突发事

---

❶　李克强主持召开国务院常务会议 部署进一步实施好常态化财政资金直达机制等 [J]. 中国注册会计师，2021（5）：4-5.

件"第一响应者"的角色。预备费主要用于支持洪涝灾害等自然灾害后的恢复重建工作和重大突发事件的灾损补助，确保在突发事件发生后能够迅速行动，为人民群众提供必要的资金帮助。预备费作为一项重要的风险管理策略，具有稳定器和保护屏障的重要功能，确保在面临未预料情况时，政府能够有充足的财力迅速响应紧急需求，同时保障其他预定项目的财政计划不受干扰，从而增强预算的弹性和整体财政稳定性。因此，为了最大限度地减少灾害带来的损失，保障人民群众的生命和财产安全，必须高度重视预备费的管理和使用。财政预备费具有以下基本特征。

其一，法定性。预算法定原则是财政法的基础性原则。《预算法》通过明确设立依据、计提比例、用途、动用方案的法定程序以及监督与报告的法定要求等方面，确保了预备费的法定性。一方面，有明确的法律界定及释义。《预算法》明确规定了各级政府每年预备费的提取比例应占本级政府预算支出额的 1% ~3% 。这一条款明确了预备费设置的法律依据和具体比例要求，体现了预备费设立的强制性和规范性。法律规定预备费专门用于当年预算执行中的自然灾害救灾开支及其他难以预见的特殊开支，明确了预备费的特定用途，确保资金用于应对紧急和特殊需要，而非一般性预算支出。另一方面，预备费的使用具有程序法定性。预备费本身是预算的一个组成部分，其设置是预算编制的法定环节，各级政府在编制年度预算时必须依法编列预备费，未经法定程序不得随意增减或取消。与此同时，预备费的管理和使用同样受到《预算法》中关于预算信息公开和监督条款的约束，要求预备费的安排、使用情况须依法公开，接受人大和社会公众的监督。通过这些规定，《预算法》赋予了预备费以法律地位，确保了政府在面对不可预见的紧急情况时，具有合法、稳定的资金来源，保障了预算执行的有序性和公共资金的安全有效使用。

其二，应急性。《预算法》中预备费的应急性特征强调了其在预算体系中不可或缺的风险缓冲器作用，确保政府能够及时有效地应对各种不可预见的挑战，维护公共利益和社会稳定。一方面，从设立目的来看，预备费主要用于当年预算执行中的自然灾害等突发事件处理增加的支出及其他难以预见的开支。这表明其设计初衷是为了快速响应那些无法预见但又急需资金应对的紧急情况，确保政府在第一时间有能力启动救援和恢复工作，也体现了预备费在应对自然灾害、紧急事件等不可预见情况时的应急作用。另一方面，从动用程序来看，各级预算中预备费的动用方案，由本级政府财政部门提出，报本级政府决定。这种严格的动用程序既确保了预备费使用的合法性和规范性，也有助于缩短决策链条，使资金能够在最短时间内到位并发挥相应作用。

其三，专款专用。《预算法》中关于预备费的专款专用性，强调了这笔资金必须严格用于特定目的。从设立用途的特定性来看，法律规定预备费专门用于自然灾害救灾开支及其他难以预见的特殊开支，这意味着预备费不能被随意挪用到常规预算项目或其他非紧急支出上。从日常的专项管理来看，预备费的使用通常伴有严格的审批流程，确保每一笔支出都符合其设立的初衷。例如，一些地方政府可能会制定具体的管理规定，要求申请使用预备费的部门提交详细的开支计划，并经过多层审批，以保证资金使用的合理性和规范性。另外，预备费的使用还需接受审计、纪检监察等部门的监督，确保资金流向透明，防止滥用和浪费。预备费的监督包括定期的财务审计，以及对预备费使用效果的事后评估，以验证是否真正达到了应对紧急情况的目的。从法律责任来看，《预算法》及相关法规通常会规定，对擅自改变预备费用途或违规使用的个人和单位，将依法追究责任，这从法律层面加强了专款专用规定的约束力。通过这些措施，《预算法》确保预备费的实际支出在关键时刻发挥其应有的作用，既体现了财政资源使用的高效性，也维护了公共财政的公正性。

二、突发事件应对中财政预备费制度的缺憾

（一）预备费制度要素设计陈旧

《预算法》对预备费的计提范围、支出用途、计提比例等作出了规定，但随着经济的高质量发展和社会的日益复杂化，传统的预备费制度要素已难以满足政府对风险和不确定性的管理需求。

其一，从支出用途来看，1994 年版《预算法》规定预备费用于"当年预算执行中的自然灾害救灾开支及其他难以预料的特殊开支"，2018 年修正的《预算法》改为"当年预算执行中的自然灾害等突发事件处理增加的支出及其他难以预见的开支"。这一改变是为了和《突发事件应对法》对"突发事件"的定义进行衔接。然而，"难以预见的开支"在现实执行过程中容易被地方政府宽泛解释，❶ 当地方政府将"涉及人民群众切身利益、落实中央和上级政府重大改革"等常规性、计划性支出也纳入"难以预见的开支"中，并试图从预备费中列支时，这不仅可能导致预备费的滥用，还可能削弱其作为应急资金的作用。❷ 例如，新冠疫情期间部分地方政府将预备费用于促进就业等民生项目，而这些支出已经超过预备费设立的应急范围，即弱化了预备费的应急保障功能。

其二，从结余处理来看，在财政管理的实践中，预备费通常被设定为优先用于应对突发事件和不可预见的支出。然而，如果某一年度突发事件并未频繁发生，且其他财政支出均处于可控和可预见的范围内，预备费的结余部分则可能面临重新调配的问题。在这种情况下，预备费的结余有几种可能的处理方式。首先，它可能会被用于填补其他预算项目中的资金缺口，以确保政府各项工作的正常进行。其次，经过适当的统筹和规划，结余部分也可以直接调入预算稳定调节基金，以增强政府应对未来不确定性事件的能力。当然，在非常急迫的情况或事件中，如果确实需要动用预备费资金，政府部门必须严格遵守现行法律的相关约束，确保资金的合规使用和流转。然而，当前的法律条文在预备费年末结余的具体处理上尚未给出明确的指导，这也就缺失了预备费结转的根本法理依据。另外，在流量式管理办法下，即使预备费有结余，也难以直接顺延累计并结转至将来年度。这意味着政府需要在每年度结束时，对预备费的结余部分作出合理的处理决策，以确保财政管理的持续性和稳定性。

---

❶ 藤宏庆. 我国中央与地方政府应急预算法制化研究 [J]. 法学论坛，2011（3）：142 - 148.
❷ 邹新凯. 应对突发事件的财政预备费：制度反思与类型化补正 [J]. 中国行政管理，2020（10）：137 - 146.

（二）预备费设置比例相对偏低

预备费作为政府预算中的一部分，旨在应对一些紧急情况和不可预见的支出需求。然而，随着社会的快速发展和全球化的推进，各类突发事件的发生频率和复杂性不断上升，这对政府的应急财政管理能力提出了更高的挑战。《预算法》规定："各级一般公共预算应当按照本级一般公共预算支出额的百分之一至百分之三设置预备费，用于当年预算执行中的自然灾害等突发事件处理增加的支出及其他难以预见的开支。"近十年来，我国中央预备费的提取额度固定在 500 亿元，如表 6 - 4 所示，其提取比例基本呈逐年下降的趋势。这一趋势意味着预备费的规模在相对缩小，难以与日益增长的突发事件风险相匹配。由于提取比例相对较低，这导致在面对重大突发事件时，预备费因具有财政储备金性质而无法发挥应有的保障作用。

表 6 - 4　2014—2024 年预备费提取的基本情况

年份	中央一般公共预算支出/亿元	预备费/亿元	提取比例/%
2014	22505	500	2.22
2015	25012	500	2.00
2016	27355	500	1.83
2017	29595	500	1.69
2018	32466	500	1.54
2019	35395	500	1.41
2020	35035	500	1.42
2021	35015	500	1.40
2022	35570	500	1.40
2023	37890	500	0.13
2024	41520	500	0.12

数据来源：中央预决算公开平台 2014—2024 年中央一般公共预算支出预算表。

一方面，预备费的规模有限，无法满足应对重大突发事件的需求。当前每年的预备费储备仅可以满足一些较小的财政应急需求，一旦面临高等级、范围大、冲击大的突发事件，预备费的储备量难以应对较高的供给需求；另一方面，政府在面对突发事件时往往需要额外筹集资金，增加了财政压力和风险。以新冠疫情为例，截至 2020 年 3 月 13 日，全国各级财政安排的疫情防控投入已经高达 1169 亿元，❶ 这远远超出了当时的预备费储备量。同时，各级地方政府在应对新冠疫情时也鲜少提及动用预备费，这也在一定程度上说明，各级地方政府的预备费储备不足。事实上，疫情等此类重大突发公共卫生事件不仅影响范围广、持续时间长，而且所需的应急资金规模巨大。在这种情况下，传统的预备费额度往往难以满足需求，政府不得不寻求其他财政渠道来填补资金缺口，这会导致财政支出预算失衡。

（三）流量式管理模式存在弊端

《预算法》第 40 条规定："当年预算执行中的自然灾害等突发事件处理增加的支出及其他难以预见的开支。""当年"这一时间条件表明预备费的使用仅限于提取当年，不进行累积。也就是说，我国预备费在应对突发事件时，主要采取的是流量式的管理模式。这种模式下，预备费被严格限制在当年度的使用范围内，即使有结余也无法跨年度进行调度和平衡，❷ 因为每年都需要重新计算和分配。这种管理方式虽然在一定程度上确保了财政资金使用的透明度和规范性，但也暴露出一些局限性和不足。

其一，流量式管理模式的机械性破坏了上下年度之间的财政连贯性。由于预备费不能累积和滚存，每年都需要从零开始编排，在此情况下，即使当年没有突发事件发生，预备费也要进行相应调整，但这可能导致政府在应对长期或持续性的突发事件时显得捉襟见肘。一旦遇到大规模、高强度的突发事件，现有的预备费规模往往难以满足需求，在灾害频发年份，政府需要承担更大的财政压力，而在灾难较少的年份，政府却无法通过累积预备费来减轻这种压力。❸ 这种管理方式无法有效地平缓不同年份间的财政波动，限制

---

❶ 金振娅. 全国各级财政安排疫情防控投入达 1169 亿元［N］. 光明日报，2020 - 03 - 15（2）.

❷ 温海滢. 论我国突发性公共事务的财政投入方面存在的问题与对策［J］. 经济纵横，2006（7）：37 - 40.

❸ 王伟平，郑明磊，冯敏娜. 我国突发公共事件应急资金管理使用的问题及对策研究［J］. 经济研究参考，2017（33）：11 - 14.

了预备费在跨年度间的调度与平衡能力，导致政府需要额外筹集资金，增加了财政压力和风险。

其二，流量式管理模式限制了预备费的使用效率和灵活性。预备费往往是作为年度预算的组成部分被一并规划与执行的，故缺乏单独的管理机制。这种捆绑式的管理方式虽然简化了预算编制的流程，却也无形中削弱了预备费的灵活性与独立性。预备费只能用于当年的既定预算计划外开支，且即便是在相对平稳的年份，没有大规模的突发性支出需求，预先安排的预备费每年都需要从零开始规划，结余经费不计入下年。这导致政府在面临突发事件时，往往需要花费大量时间和精力去协调和调配资金，降低了应对突发事件的效率和能力。同时，由于结余经费不能累积，政府也无法根据历史数据和经验来预测未来的资金需求，从而难以制定合理的预算计划。

其三，流量式管理模式使得预备费在应对突发事件时面临着双重困境。一方面，当预备费规模较小时，政府可能无法及时、有效地应对大中型突发事件；另一方面，当预备费规模较大时，又可能给地方政府的收支带来压力，影响经济社会的正常发展。这种困境使得政府在制定预备费政策时面临着巨大的挑战和困难。

（四）预备费监督效果欠佳

虽然《预算法》《突发事件应对法》《预算法实施条例》已经明确了多个主体对预备费设置和使用的监督权，一些地方政府也通过地方性法规加强了人大常委会对预备费动用的事后及时监督，但是并没有形成一种体系化的、全流程的监督制度。在实际操作中，这些规定也往往显得偏于形式化，并未达到预期的监督效果。

其一，应急预算缺乏人大监督约束。当前《预算法》关于应急预算管理的监督体系存在明显不足，主要因未充分考虑正常与应急状态间的差异。法律规定政府每年6月至9月向人大报告预算执行情况，这适用于常态预算管理，但应急时则需更高灵活性和即时性。应急预算要求迅速调配资源，而原有时间框架和报告机制难以满足此需求，一旦当年预备费不能满足应急支出需要，将可能导致预算支出随意调整和人大监督效力减弱。例如，重大灾害或公共卫生事件发生时，政府需紧急拨款救援，但人大监督因制度限制难以实时介入，削弱了其在应急财政中的决策与监督作用。因此，应急预算亟须加强人大监督约束，建立适应应急状态的灵活监督机制，确保资源调配高效透明，同时保障人大在关键时刻的决策参与和监督效能。这不仅是提升应急管理能力的要求，也是维护公共财政透明度和公众信任的必要举措。

其二，审计机关的监督限于事后监督。在现行的决算草案审批制度下，审计机关对预备费使用的监督主要集中在审批决算草案上，而这种审批往往在下一个财政年度进行。这种时间上的滞后意味着，即使政府发现了预备费使用中的不当行为，也可能因为时间跨度较长而难以进行及时纠正。这种滞后的监督方式不仅削弱了审计机关在预防问题发生和及时督促整改中的作用，还可能使得一些潜在的问题被忽视或放大，对财政安全和公共利益构成潜在威胁。

其三，预备费的审计监督存在失灵问题。在面对突发事件时，地方政府需要迅速调动资源，包括预备费，以应对紧急情况。然而，在多重审计的要求下，这一过程变得复杂而烦琐。地方政府不仅要迅速响应紧急情况，还要同时应对来自不同层级的审计要求。这种疲于应对各种审计程序的状态，很可能导致地方政府在决策时过于保守，以避免因审计问题而引发责任追究。这种保守的决策可能会影响到突发事件的及时有效处理，降低预备费的使用效率。另外，审计监督作为行政系统内部的自我纠错机制，在预备费的使用上也面临着挑战。由于缺乏明确的责任追究机制，即使审计发现了预备费使用中的问题，也可能因为责任不明确而无法进行及时有效的纠正。这不仅削弱了审计的威慑力，也降低了政府部门对预备费审计结果的重视程度。在缺乏明确问责机制的背景下，即使审计发现了问题，也可能因为缺乏后续跟进和纠正措施而使得问题持续存在，甚至可能进一步恶化。

三、突发事件应对中财政预备费制度的补强

（一）革新预备费制度要素

《预算法》作为指导国家财政预算管理的基础性法律，在应对突发事件

和抵御风险方面发挥着重要作用。然而，当前《预算法》在明确预备费抵御风险属性方面仍有待进一步加强。由于法律缺乏明确的强制性规定，加之突发性事件发生的高度不确定性，地方政府在实践中往往可能将预备费用于收入与支出的平衡，而非发挥其抵御风险的原始职能。

其一，明确预备费的抵御风险属性。在《预算法》中明确规定预备费的主要职能是抵御风险，用于应对自然灾害等突发事件和其他不可预见的风险。全国人大常委会可以通过立法解释来明确预备费的抵御风险属性，并对难以预计的事件类型进行补充，为地方政府在预算编制和使用预备费时提供明确的指导。这有助于地方政府在预算编制和使用预备费时，更加明确其目的和用途。其二，强化预备费的专项管理。建立预备费的专项管理制度，确保预备费在预算中的独立性和完整性。将预备费与常规预算资金分开管理，一方面，有助于逐步建立预备费滚动管理机制，提高预备费的使用效率；另一方面，避免在使用过程中将其用于其他非抵御风险的目的。其三，制定具体的使用规定，在《预算法》中制定预备费的具体使用细则，明确哪些开支可以纳入预备费使用范围，哪些开支不得使用预备费。对滥用预备费的行为，应强化相应的法律责任和处罚措施。

（二）提高预备费设置比例

为了确保政府在突发事件发生时拥有充足的预备资金参与应急救援，并提高政府应急管理的效率，有必要适当提高预备费的提取比例，并逐步将其过渡到法定限额。这一措施不仅有助于增强政府的应急响应能力，还能为财政资金的稳健运行提供有力保障。

其一，差异化调整预备费提取比例。在调整财政预备费提取比例的机制设计上，应考虑各级政府行政调控能力的差异，并据此划分出财政预备费"中央—省—市—县"四档提取比例范围。❶ 这样的设计能够确保各级政府在提取预备费时，既能充分考虑自身的行政调控能力，又能兼顾国家层面的应

❶ 许玉久，李光龙，王登宝. 统筹发展和安全的财政韧性研究：基于财政应急治理的视域[J]. 地方财政研究，2023（5）：14－27.

急政策要求。具体来说，对中央政府，由于其行政调控能力较强，且需要应对全国范围内的突发事件，因而应适当提高中央政府的预备费提取比例。这样可以确保中央政府在应对大规模突发风险事件时，有足够的资金储备进行应急响应。对省级政府，其行政调控能力虽然不及中央政府，但也需要负责应对本省范围内的突发事件。因此，省级政府的预备费提取比例也应相应提高，以确保其具备足够的应急资金储备。对市级和县级政府，其行政调控能力相对较弱，但也需要具备一定的应急资金储备以应对可能发生的突发事件。因此，在提取预备费时，市级和县级政府可按突发事件发生频率分层设置计提比例，并根据实际情况进行适当调整。其二，建立严格的监督机制以确保各级政府按照规定比例提取预备费。在进行财政决算及其他财政收支情况审计时，对未按照规定比例提取预备费的各级有关部门，应予以处罚并责令整改，确保各级政府能够充分认识到预备费的重要性，并按照规定比例进行设置和动支。

（三）采取基金式管理模式

在国际上，许多发达国家都采用了基金形式的应急财政管理模式，如美国的灾难救助基金和日本的灾害救助基金等。这些成功案例表明，基金式管理在预备费管理中具有显著的优势。因此，在我国财政预备费管理改革中，也可以考虑引入公开透明的基金式管理方式，并推进国库专户管理，确保预备费的专款专用和保值增值。❶

其一，预备费管理机制应从流量式管理变更为滚动式管理。具体来说，滚动式管理允许当年提取但未使用的预备费结转到下一年度，与下一年度提取的预备费合并使用并设立财政专户管理，即建立应急财政支出的跨年度预算平衡制度。这意味着政府不再仅仅依赖于当年的财政收入来应对突发事件，而是可以通过跨年度预算平衡的方式，将预备费的使用与未来几年的财政收

---

❶ 马蔡琛，隋宇彤. 预算制度建设中的财政预备费管理：基于国际比较的视角［J］. 探索与争鸣，2015（10）：69-73.

入情况相结合，从而确保在需要时有足够的资金支持。❶ 但预备费资金实行滚动预算管理，预计各级政府的预备费财政专户将会累积大量可用资金。为了更有效地管理这些资金，提高政府的应急能力，建议引入预算稳定调节基金的管理模式，通过建立递延滚存性的基金式管理体系，可以实现预备费的统一管理和滚动累积。基金式管理还有助于避免频繁的临时性预算调整和正常开支的强制性缩减，从而提高预算管理的灵活性和效率。

此外，为了确保预备费的合理使用，需要严格控制非灾使用的情况。同时，可以设定一个周期进行动态调整，在这个周期内，当年未使用的预备费可以结转到下一年度使用，以确保在突发事件发生时政府拥有足够的财力支持。这样既可以保证在突发事件发生之后有超过一年以上的预备财力，又避免了预备费的无限期累积和闲置。

（四）提升预备费监督实效

为了更有效地保障预备费的合理使用和公共安全事件的妥善处理，需要通过完善法律制度、加强日常监督、优化审计制度以及引入外部监督机制等多方面的努力，构建一个高效且全面的监督机制，确保预备费使用的规范性和合法性。

其一，强化人大对应急管理支出的监督效能。这要求构建一个更为全面且动态的监督机制，以确保临时性应急财政资金的投入高效又透明。一方面，人大在应急预算的总量控制上发挥核心监督作用，明确界定应急预算并非政府单方面支配的自有资金，而是必须严格置于人大的监督之下。这意味着，无论是针对自然灾害的快速响应，还是公共卫生事件的紧急应对，应急资金的划拨与使用需要经过人大的严格审视与批准，杜绝以应急之名行规避监督之实的行为。另一方面，引入补正预算机制作为预备费制度的有力补充。补正预算的设立，旨在提前规划以应对可能发生的预算收支失衡。它要求预算编制部门在灾难发生时，不仅要迅速响应，更要深入细致地分析灾难对财政

---

❶ 李胜. 应急财政现代化的理论意蕴与实践路径：基于风险治理的视角 ［J］. 现代经济探讨，2022（11）：52-62.

收入及突发性支出的实际影响,科学预测并评估救灾预算的收支缺口。这种前瞻性的预算管理方式,能够确保在预备费不足以覆盖全部救灾支出时,能够迅速启用应急性工具,如特别拨款、临时税收调整等措施,来弥补资金缺口,保障救灾工作的顺利进行。

其二,应当加强监督机关对预备费设置和使用情况的日常监督。这种监督不仅应涵盖定期的全面审查,还应包括不定期的抽查和专项检查,以确保监督的连续性和有效性。日常监督的加强旨在及时发现并纠正预备费设置和使用中的潜在问题,防止问题扩大化,确保财政资金的安全和有效使用。预备费设置的监督中,应监督地方政府是否足额提取本年度预备费,对预备费提取比例明显偏低的加以警告并监督整改,使预备费设置具有足额的预算安排,有利于在以后年度政府预算编制中,严格按照预算法规定比例安排预备费,并按规定用途使用。预备费使用的监督中,为了提升监督的效率,建议国家立法明确对预备费使用实行事后报告制。这一制度将要求相关部门在使用预备费后,及时向权力机关提交详细的使用报告,详细阐述预备费的使用情况、成效以及存在的问题。这样不仅能够增强透明度,让公众了解预备费的使用情况,还能够确保权力机关依据报告内容进行问责,形成有效的监督机制。

其三,审计制度的优化是提升监督效果的关键。当前,多重审计的要求使得地方政府在应对突发事件时面临较大的压力,也影响了预备费使用的效率。因此,需要精简预备费的审计程序,减少不必要的重复审计,以提高审计针对性,同时明确审计监督的责任主体和责任追究机制。由于多头管理导致的分工不明确现状,有必要明确各部门的监督职责与范围。具体而言,财政部门应专注于预备费的安排分配问题,确保其合理性和完善性;审计部门则负责监督预备费使用的合法性,并及时、准确、完整地向社会公众公布审计结果;而民政、卫生等其他部门应侧重于确保各自灾情统计信息的真实性和预备费使用的效益。❶ 这样的明确分工,有助于各部门更好地履行其监督

---

❶ 吴志豪,朱博夫. 公共危机下我国预备费制度现状研究 [J]. 当代经济,2020 (12):4-8.

职责，提升应急财政监督的整体效果。此外，还应积极考虑引入外部监督机制，以增强监督的公正性和客观性。这包括独立的第三方审计机构和社会公众的监督。第三方审计机构的专业性和独立性可以提供更为客观、准确的审计结果，而社会公众的参与则能够增加监督的透明度和公信力，促进监督工作的民主化和开放性。

第三节　突发事件背景下的政府消费券发放

作为一种支付凭证，消费券能够使消费者在购物时享受一定的优惠折扣。根据消费券的发放主体不同可以将其分为三类：商家发放的消费券、第三方平台发放的消费券、政府发放的消费券。在本质上，政府消费券是一种特殊的财政政策，具有突出的公共目的性。在重大自然灾害、流行性疾病等突发事件发生后，政府为提振消费市场活力、支持经济复苏而向受突发事件影响的居民发放消费券，是一项重要的激励措施。需要注意的是，突发事件背景下政府消费券的作用发挥具有明显的"近期效应"，即短期内政府消费券拉动经济回暖的效应较为显著，而一旦进入中长期后，这种效应则有所递减。❶如何完善政府消费券的规则设计以最大化释放政策红利，值得关注。

一、突发事件背景下政府消费券发放的实践逻辑

（一）政府消费券发放的现实因由

1. 作为一种应急财政支出

政府消费券之所以能在应对突发事件中发挥重要作用，关键在于其独特的应急财政支出属性。不同于常规的财政支出项目，政府消费券设计的初衷在于与特定的消费行为相结合，在短时间内将财政资金以消费补贴的形式集中注入消费市场，特别是受突发事件影响较大的行业和地区。相比于简单的

---

❶　贾康．针对消费券发放的几点观察与思考［N］．第一财经日报，2024－04－25（A11）．

"发钱",政府发放消费券对政策目标扭曲的可能性较小,且能够直接引导消费潜力的释放。申言之,政府消费券并不属于常规的财政预算支出,而是旨在应对突发事件给国民经济发展造成的不利影响。● 在我国,消费券是不少地方政府用以刺激消费的重要选择,是由地方各级政府在本级预算(含当年预算收入和以前年度预算资金结余)中安排发放的用于兑换商品(或服务)的有价支付凭证。消费券的发放凸显了政府消费券的财政支出属性,其资金源于特殊的预算安排,应嵌入整体预算管理体系。

2. 对消费的短期刺激作用

政府消费券的核心目标在于通过直接补贴消费者来激活市场需求,进而拉动经济增长。在突发事件发生后,消费者信心往往受损,储蓄倾向增强,并且偏好减少非必要支出。此时,消费券的发放能够促进即时购买力的提升,鼓励居民进行消费,特别是在零售、餐饮、旅游等受冲击严重的服务行业。消费券的"乘数效应"不容小觑,即每笔消费券支出不仅能直接增加商家收入,还能促使商家增加进货、扩大生产,带动上下游产业链的复苏,形成良性循环。此外,精心设计的消费券方案还能促进消费结构的优化升级。例如,定向发放给低收入群体或特定行业的消费券,既能实现社会公平目标,又能引导消费向更高质量、可持续的方向发展。同时,结合数字化手段,如通过电子支付平台发放消费券的模式,不仅能提高效率,减少成本,还能收集消费数据,为后续政策制定提供科学依据。

政府消费券在实践中应用广泛,为提振经济活力起到了良好的作用。第一,快速响应机制。面对突发事件,政府迅速启动消费券发放计划,以在短期内提振消费信心,缓解受影响行业的经济压力。以杭州为例,在新冠疫情暴发后不久,杭州成为全国首个大规模推出电子消费券的城市,在短时间内便完成了从方案设计到执行发放的全过程。这一快速响应机制使得总额高达16.8 亿元人民币的消费券迅速投入市场,覆盖餐饮、购物、文化旅游等多个领域,有效缓解了疫情期间的经济紧缩压力,激发了市场活力。第二,目标

● 徐澜波. 我国宏观调控程序规范的法律属性 [J]. 法学,2017(11): 139 – 153.

导向明确。在突发事件期间，政府消费券的发放通常具有很强的目标导向性，重点支持受冲击最大的行业和群体。第三，监测评估机制。伴随消费券的发放，政府同步加强对其效果的实时监测和后期评估，包括但不限于消费券的领取率、使用率、带动的额外消费额以及对地方经济的整体提振效果，以便及时调整策略，优化后续的经济刺激措施。以深圳为例，在消费券发放过程中建立了完善的监测评估体系。通过与各大电商平台、支付系统合作，深圳政府能够实时追踪消费券的领取、使用情况，并结合经济运行数据进行综合评估，及时调整消费券的发放规模、领域和形式。

（二）政府消费券发放的规则框架

政府消费券的发放作为重要的经济刺激措施，需遵循一套严谨的规则框架，确保政策效果的同时，维护财政资金的安全与高效运用。此框架主要分为实体规则与程序规则两大方面。

1. 政府消费券发放的实体规则

（1）发放主体。政府消费券的发放主体通常是由我国地方各级政府构成的多级管理体系，包括省级、市级直至县级政府机构。各级政府基于对本地经济形势的深刻洞察及对民生诉求的精准把握，独立而又协同地规划并执行符合本土特色的消费券发放策略，形成了一张紧密相连且职能明确的网络。中央政府在此机制中负责从宏观层面出发，制定一系列全面而又富有前瞻性的指导原则，为地方政策的制定提供框架和基准，起着引领方向、强化监管与优化评估的统领作用。这些原则旨在确保全国消费券政策的连贯性与协同效应，避免地区间的政策冲突或资源错配，同时引导资金和资源流向最能激发经济潜能和提高社会福祉的领域。

（2）发放分配。在消费券发放的具体分配环节需要遵循公平、透明原则，确保持久的社会信任及政策的有效实施。公平性意味着消费券的受益群体应当涵盖那些受经济波动影响最大、最需要帮助的人群和地区，例如，低收入家庭、失业人员以及受突发事件严重影响的行业从业者。透明度则要求整个发放分配流程公开透明，从资金来源到最终用途，每个步骤都应接受公众监督，以增强政策的公信力和执行力。

在发放资金的来源方面，政府消费券的资金筹集渠道主要有三类：其一，预备费是一个重要来源，根据 2018 年修正的《预算法》第 40 条，各级一般公共预算需预留出占本级预算 1%～3% 的预备费，以应对年度内突发情况导致的额外支出或其他不可预见的特别需求，能够为紧急的经济刺激措施提供即时资金支持。其二，部分资金来源于地方政府为应对突发事件而专门设立的基金，这些资金专款专用，在保障社会稳定和经济恢复中起到关键作用。其三，各级预算稳定调节基金也扮演着重要的角色，主要用于补充未来年度可能出现的预算短缺，● 能在突发事件导致的经济下行期释放资金，支撑经济复苏政策的实施。

在资金的具体分配上，需按照法定比例和程序从相应预算中划拨，且在各领域间合理分配。例如，加大对小微企业的扶持力度，将消费券定向投放于这些企业的产品和服务，帮助缓解现金流压力，维持运营，从而稳定就业市场；在促进就业方面，通过设计专门针对求职者或再培训项目的消费券，激励企业吸纳就业或个人提升技能。这些资金的调用必须严格遵循国家财政法规规定的比例和程序，确保每一笔资金的使用都有法可依，有章可循。

（3）发放依据。消费券的发放须有明确的法律、政策依据，确保每一项消费券计划都有据可依，既符合国家宏观调控方向，又满足地方实际情况，如《国家发展改革委关于做好近期促进消费工作的通知》（发改就业〔2022〕77 号）。

2. 政府消费券发放的程序规则

（1）发放审批。消费券发放计划需经过严格的审批流程，通常包括方案设计、部门审议、上级政府或财政部门审批等多个环节。审批过程中需评估计划的合理性、可行性和预期效果，确保消费券的发放不造成财政负担，且能有效促进经济和社会发展目标的实现。

首先，地方政府相关部门根据本地经济现状、民生需求及市场活力等因素，设计出具体的消费券发放方案。该方案需详细说明消费券的种类（如通

● 季洁. 从政府消费券谈中国应急财政支出管理［J］. 现代经济探讨，2021（3）：60－66.

用券、特定行业券等）、面额、发放对象、使用规则、有效期、预期目标及配套措施等，确保方案的全面性与针对性。在初步方案形成后，提交至地方政府相关部门（包括财政局、发展和改革委员会等）进行初次审议。各部门将从各自的专业角度出发，审查方案的财务可行性、市场效应、政策合规性等方面，提出修改意见或建议，确保方案的完善。其次，经过地方政府内部的充分讨论和完善后，消费券发放方案上报至上级政府或直接相关的财政部门进行最终审批。上级部门将从更高层面审视方案的合理性与必要性，评估其对区域乃至全国经济运行的影响，以及是否与国家整体的经济政策导向相契合。一旦方案通过所有审批环节，将获得正式批准并通过官方渠道向社会公示，公示内容包含消费券发放的具体细节、目的意义及监督举报渠道，确保政策的透明度和公众的知情权。

（2）发放监督。当前消费券发放监督的现状体现了政府对透明度、公正性及效率的高度重视，具体表现在四个方面。其一，法律与政策框架日益完善。多地政府已经建立较为完善的消费券发放管理规定和监督机制，明确了发放主体的责任、资金使用规则、发放流程及监督办法。中央政府和各级地方政府相继出台指导性文件，为消费券发放提供了法律依据和政策指导，确保具体操作有法可依，有章可循。其二，数字化监督平台广泛应用。随着信息技术的发展，许多地方政府利用数字平台进行消费券的发放与监管，通过大数据分析来监控资金流动、预防欺诈行为，提高了监管效率。其三，公众参与和媒体监督。社会公众和媒体的监督作用日益凸显，不少地方开通了举报热线、在线投诉平台，鼓励公众反馈消费券使用中的问题。媒体的报道也增加了政策的透明度，促使政府更加注重政策的公平性和公众满意度。其四，纪检监察部门的跟进监督。纪委监委等监督机构对消费券发放的重点环节进行跟进监督，从方案制定、资金分配到实际效果，确保政策落实到位，防止腐败现象，保障了惠民政策真正惠及民生。

（3）发放责任。政府消费券的发放需要明确各级政府及其相关部门在实际发放过程中的职责，具体体现在两个方面。其一，明确的责任主体。目前，政府消费券发放的责任主体较为清晰，通常由地方各级政府，即省、市、县等层级政府负责具体实施。相关政府机构根据本地实际情况设计消费券发放计划，确保政策与地方经济和社会需求相匹配。中央政府则主要负责制定总体指导方针，监督执行情况，并评估政策效果，确保全国范围内的政策协调。其二，法律责任的严肃性。对违规使用政府消费券的行为，如倒卖、套现等，政府已明确表示将依法严厉追究责任，实施包括行政处罚甚至刑事处罚等措施，彰显出对维护消费券发放秩序的职责担当，确保政策的严肃性和公信力。政府消费券发放的责任现状体现了政府在确保政策有效执行、资金安全、公平分配以及市场秩序维护等方面的全面责任意识和实际行动，同时也体现了政府对促进经济复苏、保障民生基本盘的持续关注。

二、突发事件背景下政府消费券发放的实践反思

（一）实体方面的问题

1. 信息不对称与参与度低

信息传播不畅和公众认知不足是限制消费券发挥作用的一大障碍。其一，技术障碍成了一道难以逾越的鸿沟。在数字化高速发展的今天，智能手机和移动支付等数字技术已成为人们日常生活不可或缺的一部分。然而，对老年人和部分农村居民而言，这些新技术应用一般难以理解和操作。由于不熟悉这些数字工具，他们在获取和使用消费券时面临着重重困难。这部分人群，往往正是经济相对困难、最需要得到政策援助的群体之一。他们的低参与度，无疑大大削弱了消费券政策的普惠性和实效性。其二，信任缺失也是影响消费券政策推广的重要因素之一。考虑到信息不透明、政策解读复杂等原因，部分公众对消费券的信任度并不高。他们可能担心个人信息安全问题，或是认为领取和使用过程烦琐，从而选择不参与。这种信任缺失，不仅影响了消费券政策的推广效果，也加剧了社会群体间的不信任感。其三，网络基础设施的缺陷也是制约消费券政策推广的重要因素之一。在一些偏远地区，网络覆盖差、互联网接入不稳定，甚至部分地区还缺乏互联网基础设施的接入条件。这些因素都严重限制了电子消费券的接收和使用，使这些地区的居民难以享受到政策带来的实惠。这种数字鸿沟的存在，不仅加剧了社会群体间的

不平等感，也阻碍了社会福利水平的提升。

2. 地方财政压力与可持续性考量

在应对突发事件带来的经济挑战时，消费券作为一种直接刺激消费、提振市场信心的政策工具，其效果显著且立竿见影。然而，频繁或大规模地采用这一策略，对于地方政府而言，却是一把"双刃剑"。特别是在经济不景气周期，地方财政收入因经济增长放缓而缩减，同时，为保障民生所需的财政支出又在持续攀升，这种情况下，持续的大规模消费券发放无疑会进一步加重地方政府的财政重担。短期内，消费券能够有效激活市场消费，带动产业链上下游的联动效应，为经济复苏注入内生活力。但是，从长远视角审视，如果不辅以健全的财政预算规划和健康的财政收入增长机制，仅依赖此类短期刺激政策，可能会陷入"刺激—衰退"的循环怪圈。一方面，消费券属于间接意义上的政府购买性支出，持续的消费券发放需要大量公共资金的投入。购买性支出是指政府以购买者的身份在市场上采购所需的商品和劳务，用于满足社会公共需要，而这部分资金可能来源于政府借贷或是通过削减其他公共服务预算，从而间接影响到教育、医疗、基础设施建设等领域的投入，损害长期发展潜力。另一方面，过度依赖消费券不仅不能从根本上解决经济结构问题，还可能掩盖深层次的经济矛盾，延缓必要的经济结构调整和转型升级进程的推进。

（二）程序方面的问题

1. 目标定位不够精准

在设计和执行消费券政策时，忽视地域经济结构的多样性是普遍存在的问题。一方面，单一化发放渠道促使垄断之势萌芽。部分城市采用行政措施指定单一互联网平台实施消费券的发放，而排除其他平台参与，存在反垄断法规定的排斥或限制竞争的不当之举。另一方面，单一化发放金额促使消费格局差异加剧。一线城市的消费水平、消费结构往往与三线、四线城市乃至农村地区存在显著差异。大城市居民可能更倾向于服务型消费，如高端餐饮、娱乐和教育服务，而小城镇或乡村居民的消费需求更多集中在基本生活物资和服务上。如果政策制定者没有充分认识到这些差异，简单地采取"一刀切"的策略，就可能导致资源错配。

2. 消费券发放过程配套措施不完善

政府消费券虽然是应急财政支出的一环，在短期内能迅速激发市场活力，但其效用最大化释放还需依赖于一个全面且协调的政策生态系统。现实中，配套措施的不完善是制约消费券效用最大化的一大瓶颈。理想状态下，消费券政策应与宏观经济调控、产业导向、金融支持等多维度政策紧密配合，形成一股合力，共同推动经济复苏与增长。

一方面，部分地区把消费券发放视为单一救济手段。此做法忽略了与其他政策措施的有机融合，导致了政策效应的分散和减弱。部分地方政府可能过于关注消费券发放的直接效应，而忽视了其与减税降费、信贷宽松、就业援助等政策工具的综合运用。例如，尽管消费券能短期内提升消费需求，但若小微企业因融资难、融资贵等问题无法有效利用增加的订单扩大再生产，这种消费刺激的效果将大打折扣。缺乏信贷支持的小微企业即便面对需求增长，也可能受限于现金流紧张，错失发展机遇，无法充分融入供应链上下游的联动复苏。另一方面，消费券的回收清算程序欠缺。相对于政府消费券发放，回收清算程序是指就政府消费券受领情况、受领后的使用情况作出的统计，同时对过期未使用的政府消费券进行清算回收，并决定是否投放于下一轮消费刺激计划，或是回归于财政之中。然而在实际操作中，不少地方完成了消费券发放的程序，侧重于关注消费券发放后产生的经济效益，但对消费券回收清算程序的关注有所欠缺，这不仅影响了政策效果的评估，还可能导致财政资源的浪费。因此，后续的政策设计应该着眼于消费券回收阶段，致力于形成发放—监督—回收的环形程序，最大限度地为盘活存量财政资金、清晰规划财政投放提供保障。❶ 总体而言，政府在设计和实施消费券政策时，应注重政策的连贯性、前瞻性和协同性，通过跨部门协作、信息共享和效果评估反馈，不断调整优化政策组合，以期达到"1 + 1 > 2"的放大效应，真

---

❶ 季洁. 我国地方政府消费券的财政法规制研究 [J]. 当代财经，2020 (11)：26 – 37.

正实现经济的快速回暖和社会福祉的整体提升。

三、突发事件背景下政府消费券发放的规则调适

（一）实体规则之完善

1. 提升消费券发放的精准性

一方面，为了确保消费券的精准投放，须建立一个集成大数据分析与人工智能技术的数据处理平台。该平台需要集成来自税务、社保、电子商务、移动通信等多个部门的数据源，同时对数据进行深度挖掘和智能分析，以精准识别哪些行业和群体在突发事件中受到的冲击最大，以及哪些领域具有较高的消费潜能。例如，通过分析历史消费数据和行业发展趋势，识别出受突发事件直接影响的餐饮、旅游等行业的消费规模，以及潜在的"宅经济"消费热点，如在线教育、在线医疗等。同时，平台还需动态监测经济复苏情况，灵活调整消费券投放的重点领域和方向。

另一方面，从四个方面实施分层分类设计策略。其一，区域差异化设计。根据不同地区的经济发展水平、产业结构、突发事件受影响程度等因素，设计差异化的消费券发放策略。例如，对经济较发达、服务业占比高的城市，可适当增加面向服务业的消费券比例；而对农业占比较高的地区，则可以侧重于农产品促销和乡村旅游相关的消费券。其二，行业靶向支持。针对受冲击严重的行业，如餐饮、旅游、零售等，设计专属消费券，辅之以更高额度或更长有效期，加速这些行业的复苏。同时，对具有较强带动效应的新兴产业和绿色低碳行业，也可通过消费券予以鼓励支持，促进经济转型升级。其三，收入分层匹配。根据收入水平细分消费券类型和额度，确保财政资源能更公平地惠及所有社会群体。对低收入群体，提供基本生活保障类消费券，如食品、日用品等；对中等收入群体可发放通用型消费券，适用于更广泛的消费领域；而对高收入群体，则可以考虑发放用于文化和旅游等非必需品或服务的消费券，刺激高端消费。其四，动态调整机制。建立灵活的消费券发放调整机制，根据实时数据分析结果和市场反馈，动态调整消费券的发放规模、类型和对象，确保政策的针对性和有效性。

2. 确保财政可持续性

一方面，财政支出需要合理规划预算安排，严肃财政纪律。在编制年度预算时，将消费券资金作为特殊应急支出项目纳入计划，根据经济运行状况和财政收入预测，合理设定消费券规模，避免过度超出财政承受能力，确保其他公共服务和基础设施建设不受影响。同时，建立消费券支出控制的动态调整机制，根据经济复苏进度和财政收入变动情况，适时调整消费券的规模和发放节奏，保持财政支出的灵活性和可持续性。再者，针对紧急财政支出事项设立专项财政储备基金，用于应对突发事件，包括消费券在内的应急支出，确保在不增加债务负担的前提下，政府有足够的财力应对未来可能的经济挑战。另一方面，采用多元化融资渠道，建立公私合作机制。第一，鼓励采用政企合作模式，吸引社会资本参与消费券项目的投资与运营，例如，与电商平台、金融科技公司合作，共同承担消费券的发放、跟踪和评估工作，这有利于减轻政府直接财政压力，也能利用私营部门的创新能力和效率。第二，通过发行地方政府专项债券、社会捐赠、公益众筹等形式，拓宽消费券资金来源。对特定的公益性质消费券，如教育、健康领域的消费券，可鼓励市场主体和社会力量共同参与，形成政府、市场、社会三者协同的资金筹集机制。此外，为吸引更多社会资本参与拓宽消费券资金来源渠道，需要设计合理的激励机制，如税收优惠、优先采购权、品牌宣传等，同时建立严格的风险防控和绩效评估机制，确保社会资本的合理回报率与项目的社会效益最大化。

(二) 程序规则之完善

1. 优化信息推送并提高参与度

基于大数据分析对不同年龄、兴趣和消费习惯的群体实施精准信息推送，确保信息的个性化和相关性，提高目标受众的关注度和参与意愿。同时，鼓励已使用消费券的消费者分享他们的正面体验，通过口碑传播，增加消费券的社会认可度和吸引力。针对疫情期间地方政府推出的众多与消费券相关的临时性政策措施，需要进行系统性回顾与评估。对证明有效且适宜长期实施的措施，应迅速将其转化为制度化安排，以巩固增效。相反，对那些不宜长期维持的举措，则应清晰界定其退出时间，确保政策调整的有序进行，避免给市场带来不必要的波动。此外，还要注重扩大消费券发放的覆盖范围。在消费券的领取和使用过程中，对线上领取平台进行优化，确保界面简洁、操作流畅，减少用户在领取过程中的困惑和操作失误。除了线上领取外，还增设电话预约领取、短信验证码领取等方式，为老年人或其他不熟悉智能设备的人群提供便利。同时，与社区服务中心合作，开展现场指导和代领服务，确保更多人群都能便捷获取。在领取和使用过程中可以设置即时反馈系统，如领取成功通知、使用提醒等，增强用户的参与感和满意度。

2. 完善相关配套政策

在完善综合政策协同机制方面，建立跨部门协调机制，确保消费券政策与税务、金融、就业等领域的政策形成有机统一。例如，消费券发放期间，财政税务部门可以同步实施减税降费政策，减轻消费主体负担；金融调控部门则可以引导金融机构提供优惠利率贷款，增加流动性供给。根据不同阶段的经济复苏情况，需要灵活调整政策组合。初期以消费券和直接补贴为主，快速激活市场；中期结合减税降费、信贷支持等措施，巩固市场复苏成果；后期则侧重于促进产业升级和就业恢复，保持政策的连续性和递进性。同时，还可以建立政策效果评估与反馈机制，监测各项政策的协同效应，及时调整政策力度和方向，确保政策组合的最优配置。

在完善消费券的回收清算程序方面，根据财政部颁布的《关于采取有效措施进一步加强地方财政库款管理工作的通知》（财库〔2016〕81号）的规定，对结余结转的财政资金需进行分类清理，及时核算确认结余结转资金消化情况，按季度或半年对结余结转资金消化情况进行考核分析，有针对性加快结余结转资金消化进度，确保落实结余资金两年内消化完毕的工作要求。政府消费券相关资金同样需要及时考核使用情况并定期履行后续回收清算程序。为此，可建立针对消费券发放－监督－回收的审查专项小组，定期跟进消费券政策在实践运行中的实施进展和效果，对未领取或未使用的到期消费券可以通过设定合理的回收期限和方式，如自动回收机制，减少人为干预的复杂性，确保多余的消费券沉淀资金及时回归财政预算账户。同时，畅通公众监督和第三方审计监督渠道，鼓励民众通过网站、热线等渠道反馈消费券政策存在的问题，定期由独立第三方机构对消费券的发放、使用和回收过程进行审计监督，确保其合规性。

第七章
应急财政管理制度

　　财政是国家防范与化解重大风险的制度集成，但财政制度化解风险的必要前提是财税体系自身的正常运转。❶ 应对突发事件和防范风险挑战需要财税体系提供良好的制度基础，尤其是需要科学的财政管理方式来调整财政收支活动、规范财政收支行为。在由平时状态转入应急状态的过程中，财政管理制度需要作出适应性调整，以契合突发事件应对的内在逻辑。应急财政管理制度作为国家应对危机、恢复经济和社会秩序的关键管理工具，事关"钱从何来""如何给钱""如何分担""给多少钱"等重要财政问题，❷ 也直接关系到政府应急响应是否到位、有效。我国应急财政管理机制经过一段时间的发展与完善，已经构建起一个基本制度框架，为应对常规性公共安全风险提供了一定的规则依据和操作规范。但随着经济社会和资源环境的日益复杂多变，新的挑战和风险不断涌现，财税体系自身通常也面临着适应性难题。本章旨在探讨我国应急财政管理制度的实践运行样态和存在的突出问题，并提出相应的完善路

---

　　❶ 胡明，姚俊智. 新一轮财税体制改革应突出风险防范与化解［EB/OL］.（2024－01－02）［2024－06－05］. https：//www.thepaper.cn/newsDetail_forward_25873962.

　　❷ 冯俏彬. 新冠疫情折射下的我国应急财政管理制度［J］. 社会治理，2020（12）：36－41.

径，以期构建更加灵活、高效的应急财政反应机制，确保国家在面对各类突发事件时能够迅速合理地调动、配置财政资源。

第一节　应急财政管理制度的现实样态

一、应急财政管理法制建设

一个具有较高治理水平的法治政府，不仅能在正常社会状态下运用法律维护好社会秩序和国民权益，而且能在非常时期或紧急状态下做到依法办事。❶ 法治不仅对常规状态下国家和社会治理具有重要意义，对紧急情况下应对重大突发公共事件同样具有重大意义，能够有效化解危急状态下不同利益主体的价值理念冲突难题。具体到财政管理领域，法治有助于规范政府财政预算权力运行、理顺各级政府间财政关系、明确中央与地方财政事权和支出责任划分。推进突发事件背景下财政管理制度的法治化建设，要求把法治原则和精神贯穿于应急财政管理工作全过程、各领域，首先需要构建更加完备的应急财政管理法律制度体系。

（一）法制框架基本形成

应急财政的本质是运用预备费、税费减免、转移支付和政府债券等财税政策工具为应急响应提供财力支撑和保障，并对应急财政资金的筹集和支出过程进行监管的一种财政制度体系。应急财政管理立足于"管理"维度，强调的是应急状态下国家对财政资源的利用和分配，其属于应急管理的有机组成部分，甚至是一种主体部分。目前，我国已经初步建立起突发事件应对的法律规范体系，形成了"综合立法－单行立法"相结合、"中央立法－地方立法"相衔接的立法格局，为应急管理实践提供了基本的法律遵循。以应对突发公共卫生事件为例，相关法律规范不仅涉及《突发事件应对法》这一综

---

❶ 江必新．紧急状态与行政法治［J］．法学研究，2004（2）：3－16.

合性立法，还包括《传染病防治法》《重大动物疫情应急条例》等专门立法，同时地方可以根据本地区实际情况开展突发公共卫生事件应对的地方立法活动，如表 7 - 1 所示。需要强调的是，应急财政管理法制建设应当立足于上述突发事件应对的法律规范，这些非常态环境下具有应急性质的法律规范构成了应急财政管理制度实施的重要依据。

表 7 - 1　应对突发公共卫生事件的法律规范列举

效力位阶	规范名称
法律	《突发事件应对法》 《传染病防治法》
行政法规	《突发公共卫生事件应急条例》 《重大动物疫情应急条例》 《传染病防治法实施办法》
国务院规范性文件	《国务院突发公共卫生事件应急预案》 《突发事件应急预案管理办法》
地方性法规	《北京市突发公共卫生事件应急条例》
地方政府规章	《浙江省突发公共卫生事件应急办法》
地方工作文件	《湖南省突发公共卫生事件应急预案》 《湖南省流感大流行应急预案》

在我国，《突发事件应对法》是应对各类突发事件的基础性、综合性法律，其于 2007 年首次制定，并于 2024 年进行了首次修改。2024 年修订的《突发事件应对法》第 44 条规定"各级人民政府应当将突发事件应对工作所需经费纳入本级预算，并加强资金管理，提高资金使用绩效"，明确了预算资金使用的基本要求；第 55 条规定"国家发展保险事业，建立政府支持、社会力量参与、市场化运作的巨灾风险保险体系，并鼓励单位和个人参加保险"，明确了通过"公私合作"的方式将保险资金纳入应急管理资金体系；第 73 条规定"（五）启用本级人民政府设置的财政预备费和储备的应急救援物资，必要时调用其他急需物资、设备、设施、工具"，确认了财政预备费设置的应急属性。可以说，《突发事件应对法》为包括应急财政管理在内的

所有应急管理工作提供了基本的法律框架，明确了各级政府及其相关部门的应急职责和权限，以及应急财政管理的相关要求。

进一步看，应急财政管理需要着重考量应急财政资金的筹集和使用情况，分别主要由《税收征收管理法》和《预算法》进行规范。从《税收征收管理法》来看，一方面需要规范税收征收和缴纳行为，确保应急状态下财政资金筹集的稳定性和连续性，另一方面需要考虑到特殊时期纳税人的现实诉求或可能遇到的困难。例如，《税收征收管理法》第27条规定"纳税人、扣缴义务人不能按期办理纳税申报或者报送代扣代缴、代收代缴税款报告表的，经税务机关核准，可以延期申报"，第31条规定"纳税人因有特殊困难，不能按期缴纳税款的，经省、自治区、直辖市国家税务局、地方税务局批准，可以延期缴纳税款，但是最长不得超过三个月"。以上规定是纳税人延期缴纳税款的规范基础，有利于解决纳税人在特殊时期因不可抗力导致无法按期纳税申报的问题。从《预算法》来看，针对突发事件的应急机制包括预备费、先行支出、预算调整等内容。以先行支出机制为例，《预算法》第69条规定"在预算执行中，由于发生自然灾害等突发事件，必须及时增加预算支出的，应当先动支预备费；预备费不足支出的，各级政府可以先安排支出，属于预算调整的，列入预算调整方案"，该条规定明确了突发事件应对的特殊支出安排。

此外，我国税收单行法中实际上也有关于应急状态下税收政策调整的规定。例如，《企业所得税法》第36条规定"根据国民经济和社会发展的需要，或者由于突发事件等原因对企业经营活动产生重大影响的，国务院可以制定企业所得税专项优惠政策，报全国人民代表大会常务委员会备案"，该条规定允许国务院在特殊时期制定企业所得税的专项税收优惠政策。在地方税收立法层面，考虑到纳税人在突发事件中可能遭受潜在损失或影响，一些地方对特定税种的税负减免规定作出调整完善，在减免申请条件中增加了"因突发公共卫生事件和公共安全事件等导致纳税人造成较大损失或者正常生产经营活动受到较大影响"这一情形。❶

---

❶ 蔡岩红. 税务部门消"痛点"疏"堵点"攻"难点"[N]. 法治日报，2023-07-28 (6).

（二）法制建设初见成效

在推进应急财政管理法制建设的过程中，我国取得了一定成效，主要体现在以下几个方面。

第一，法律体系不断健全。"应急法治主义"要求在法治的框架内处理紧急状态下公权力（立法、行政、司法等权力）的转移、公民权利的克减等问题，新冠疫情暴发之后，不少域外国家顺势推动紧急状态的立法修改，包括引入比例原则、人权克减原则、禁止歧视等原则理念。❶ 与此同时，我国从中央到地方也都积极开展了针对突发事件应对相关法律的修改完善工作。以 2024 年修订的《突发事件应对法》为例，其调整了应急财政资金的部分表述，进一步明确了各级政府对应急财政资金的预算保障职责，同时强调应急财政资金管理和使用的科学性。❷

第二，工作程序更加规范化。通过规范工作流程、优化应急响应程序、明确各类突发事件分级分类标准和应急预案框架，以及调整重大突发事件处理的组织结构、工作机制等内容，应急管理模式逐渐向规范化、制度化方向发展，提高了政府处置突发事件和保障公共安全的实际能力，有利于最大限度地预防和减少突发事件及其造成的损害。例如，实践中对特别重大和重大突发公共事件，省级人民政府必须在 4 个小时内向国务院报告，同时启动相关应急预案。在应急财政管理的各个环节，如预算编制、审批、执行和监督等，也都设置了相应的具体程序规范。

第三，职责权限范围进一步明确。2024 年《突发事件应对法》修订，将应急管理体制重新表述为"国家建立统一指挥、专常兼备、反应灵敏、上下联动的应急管理体制和综合协调、分类管理、分级负责、属地管理为主的工作体系"，强调不同类型的突发事件应当由相应的牵头部门归口管理，这有利于明确职责分工，提高应急财政管理的效率。基于现有法律规定和实践探索成果，各级政府及其相关部门在应急财政管理中的职责和权限具有较为明

---

❶ 李学尧. 应急法治的理想类型及其超越 [J]. 中国法律评论，2021（2）：88–101.
❷ 林鸿潮，王进威. 完善应急保障制度 [J]. 中国应急管理，2024（7）：27–30.

确的界定，应急管理体制整体上体现出静态的组织结构与动态的功能配置之结合。❶

二、应急财政预算管理

公共财政是建立在现代预算制度基础上的，为了推进公共财政运行的规范化和实效化，我国高度重视并逐步实施包括部门预算、国库集中支付、政府采购等在内的一系列财政预算体制改革，在预算透明度、预算公众参与、预算回应和预算问责等方面取得了显著进步。❷ 在突发事件的应对中，我国也逐步建立起相应的应急预算体制，为政府应急响应职责的有效履行创造了必要条件和良好环境。事实上，政府在应急管理和响应上的表现尤其是效率，已经成为衡量国家治理能力的重要标尺，也直接影响着公众对政府的信任和预期。应急预算作为应急财政的核心部分，全面覆盖政府应急财政活动的"收、支、用、管"各个阶段，贯穿事前、事中、事后以及财政监督的全过程，是检验应急财政功能发挥和实践成效的一大场域。更深入地看，应急预算主要解决两个问题：一是补偿社会损失，包括突发事件事前、事中和事后的大量开支；二是支持经济恢复，通过加强财政宏观调控保持经济运行在合理区间。❸

在理论上，预算是一种管理政府的财政工具，是要对政府的财政收支行为进行规范、控制和监督。现代预算正在由政府管理的工具向管理政府的工具转变，在这一过程中，要求把政府的全部收入和支出统一纳入预算管理。有必要指出，预算管理与应急管理在本质上是相互关联的，改进预算管理是推动我国应急管理改革的重要切入点。构建应急财政预算管理制度，不仅能够增强预算管理的应急功能，还能使应急管理过程既符合公共财政要求又能

---

❶ 代海军. 我国突发事件应对管理体制改革的法治化成果及其制度内涵 [J]. 中国应急管理, 2024 (7)：20 - 24.

❷ 许光建，魏义方，李天健，等. 中国公共预算治理改革：透明、问责、公众参与、回应 [J]. 中国人民大学学报，2014 (6)：124 - 131.

❸ 王雍君. 应急财政预算管理：方法与实施 [EB/OL]. (2020 - 05 - 20) [2024 - 06 - 21]. http：//www. 71. cn/2020/0520/1086580. shtml#g842927 = 1.

产生应有的预算绩效。❶ 已有相关研究初步揭示了应急财政预算管理的发展趋势，它与特定突发事件紧密关联，重大公共危机的发生会凸显财政预算管理改革的迫切性和极端重要性。也因此，汶川大地震、全球金融危机、新冠疫情等重大突发事件发生后相关研究呈现出激增态势。在新冠疫情暴发之后，有学者即主张统筹短期财税政策调整和长期财税体制改革，并强调以公共风险为主线来进行财税政策和体制的改革设计，以风险理念为基本原则转变预算模式。❷

三、应急财政事权与支出责任划分

明确"事该由哪级政府干，钱该由哪级政府出"是理顺中央和地方财政关系的一个重要方面。根据 2016 年《国务院关于推进中央与地方财政事权和支出责任划分改革的指导意见》（国发〔2016〕49 号）的定义，财政事权是指一级政府应承担的运用财政资金提供基本公共服务的任务和职责，支出责任是指政府履行财政事权的支出义务和保障。具体到应急管理领域，同样需要遵循"谁的财政事权，谁承担支出责任"的基本原则，这是确保各级政府履行应急管理职责的前提和基础。2018 年，国务院办公厅发布《医疗卫生领域中央与地方财政事权和支出责任划分改革方案》（国办发〔2018〕67 号），明确将全国性或跨区域的重大传染病防控等重大公共卫生服务上划为中央财政事权，由中央财政承担相应的支出责任。2020 年 7 月，国务院办公厅印发《应急救援领域中央与地方财政事权和支出责任划分改革方案》（国办发〔2020〕22 号），为应急救援领域央地财政事权和支出责任划分改革提供了基本方向。在地方层面，各地在确保与国家改革方案方向一致的同时，兼顾地方应急救援工作特点，进一步细化了各方面事权的划分。具体而言，各地实施方案对标国家方案，从预防与应急准备、灾害事故风险隐患调查及

---

❶ 陈建华. 我国应急预算管理体制亟待破题 [J]. 中国财政, 2019 (2): 64-66.
❷ 中国财政科学研究院"企业成本和地方财政运行"调研综合评估组, 刘尚希, 程瑜, 等. 统筹防疫与发展的地方财政: 如何权衡多重风险？——2020 年地方财政经济运行调研总报告 [J]. 财政研究, 2021 (1): 24-38.

监测预警、应急处置与救援救灾三大方面明确了需要由省级、市县级分别承担及共同承担的事项和相应支出责任。例如，《福建省应急救援领域省与市县财政事权和支出责任划分改革实施方案》（闽政办〔2021〕7 号）在应急财政事权与支出责任划分方面的基本原则可以概括为：覆盖全省的应急救援领域服务事项确认为省级事权，整体规划、统一部署、分级实施的应急救援服务事项由省与市县共同负责，地区性应急救援领域服务事项由市县负责。应当看到的是，应急管理领域财政事权与支出责任的划分整体上由政策文件指导，尚缺乏明确的法律法规依据，这从侧面反映出当前应急财政事权与支出责任划分方面存在的潜在法律风险。

第二节　应急财政管理制度的问题解构

一、应急财政管理法治保障有限

（一）法律法规的完善度与适应性不足

一是法律法规的前瞻性不足。在全球及国内环境日益复杂多变的今天，面对自然灾害、公共卫生危机、经济波动等各类突发公共事件，应急财政管理相关法律法规的适应性和前瞻性显露出了一定的局限性。其一，现行《预算法》难以快速响应并及时应对风险挑战。随着科技的飞速进步和社会结构的深刻变化，突发事件层出不穷，很多是历史上未曾遇到过的新型挑战。而预算僵化倾向限制了《预算法》的功能空间，在一些特殊情况下，预算资源的配置决定在预算过程之外作出，预算过程只是被动计算落实这些决定需要的资源，而不能根据国家战略优先性和政策重点抉择配置资源，也难以根据最新突发事件情况及时调整预算。其二，传统的应急财政管理措施存在一定局限。即便对一些已知风险，如自然灾害的应对，由于气候变化等因素的影响，灾害的频率、强度和影响范围都在发生变化，传统的应急财政管理措施和资源配置方式也需要相应调整。但现有的法律体系在灵活性和动态调整机制上存在不足，难以快速适应新情况，导致应急响应效率和效果大打折扣。事实上，应急财税管理不仅涉及资金的迅速调配与合理使用，还关乎经济稳定、社会公平及后续恢复重建等多个层面，需要有更加预见性和前瞻性之考虑。

二是法律法规的时效性不足。法律法规的时效性是确保其有效适用性的一个核心要素，尤其是在当各类突发事件频发的时代背景下，这一问题显得尤为突出。随着科技进步、经济结构调整、全球化进程加速以及环境变化等诸多因素的交织影响，社会面貌日新月异，新的挑战和风险不断涌现，这对法律法规的适应性和时效性提出了更高要求。一方面，许多现行的法律法规是在特定的历史时期和社会条件下制定的，在当时或许能够有效应对各种社会问题和公共危机。然而，随着时间的推移，旧规定可能已经无法准确反映当下的实际情况，或是无法覆盖新兴领域的应急管理需求。例如，《预算法》第 40 条规定，可以提取本级一般公共预算支出额的 1% ~3% 作为预备费，用于当年预算执行中的自然灾害等突发事件处理增加的支出和其他难以预见的支出。2018 年修改《预算法》时，尚未出现如新冠疫情等如此重大的突发事件，当时提出的 1% ~3% 的预备费是在当下的一个合理区间，却没有明确规定在特殊情况下这一比例是否可以有所调整，缺乏对未来可能出现的更严重情况的考量。另一方面，应急事件的种类和复杂度也在不断增加，从自然灾害到人为事故，再到公共卫生事件，每一次危机都对现有的法律法规体系提出了严峻考验。过去制定的应急管理制度和流程，在面对如大规模疫情、新型网络攻击等挑战时，往往显得滞后且缺乏针对性，难以提供及时、有效的应对策略和资源调配方案。

三是部分法律条文笼统或缺失。其一，在构建和完善法律体系的过程中，部分法律条款因表述过于宽泛笼统，或是直接缺乏相应条款，未能提供详细、具体的操作指引。这类条款通常只概述了原则性的要求或目标，却缺乏对实施步骤、标准、责任分配等方面的明确说明，导致在实际应用过程中，无论是执法机构、司法机关还是普通民众，都可能面临理解和执行上的困惑。例如，《税收征收管理法》缺乏税收应急条款。税法体系之外，突发事件导致的应急状态下立法权如何行使，尤其是对行政应急立法权的规制，《立法法》尚未顾及。其二，《突发事件应对法》第89条第1款赋予了国务院就扶持受突发事件影响地区受损行业发展制定优惠政策的立法权，但从体系的角度看，此条位于该法第六章"事后恢复与重建"，因此，难以全面地为突发事件持续期间税收优惠政策的制定提供合法性依据。税法体系之内，现行有效的各税收实体法律中只有《企业所得税法》第36条对国务院应对突发事件制定企业所得税专项优惠政策作出授权立法规定，但该条更适用于汶川地震一类灾害暴发性强、持续时间短且重在灾后重建的突发事件，对类似新冠疫情持续时间长且波动影响广的突发事件未必适用。❶《税收征收管理法》作为税法体系中的"母法"，且目前正在大幅修订过程中，正是增设税收应急条款的好时机。

（二）执法监督与责任追究机制不完善

在应急财税管理的实践操作中，执法监督的力度和有效性是确保相关法律法规得以贯彻执行、维护应急管理体系正常运转的关键。其一，现实中执法监督在一些情况下会"失灵"。例如，《预算法》第13条规定，经人民代表大会批准的预算，非经法定程序，不得调整。各级政府、各部门、各单位的支出必须以经批准的预算为依据，未列入预算的不得支出。但面对诸如新冠疫情、汶川地震等突发事件，事态紧急且资金需求量短时间激增，显然规定范围内的预算支出未必够用，加之预算审批流程复杂，地方财政可能在实际支出后再报本级人大审批。但从长远来看，即便这种"先支出后审批"的做法是根据现实应急需要作出的，但仍有损《预算法》的严肃性。当主观行为的现实正当性与客观要求相冲突时，常出现客观之法让位于主观行为的现象，这在我国应急财政管理领域表现得尤为突出，权力机关的监督在应急财政支出上有时会失灵。其二，责任追究机制的不完善进一步加剧"监督失灵"。完善的追责机制旨在通过明确主体责任归属、确立严格的惩罚标准，

---

❶ 李刚. 论《税收征收管理法》中重大突发事件应急授权立法条款的增设［J］. 荆楚法学，2022（2）：79－90.

来倒逼各责任主体认真履行其在应急财政管理工作中的法定职责。但现实中，出于责任追究程序烦琐、标准模糊、执行力度不够等原因，部分单位和个人在应急财政管理活动中抱有侥幸心理，认为即使违反相关规定也不会遭受实质性的惩罚，这种心态无疑削弱了法律法规的约束力，降低了应急管理工作的整体效能和公众的信任度。

二、应急财政预算管理的回应性不足

应急财政预算管理回应性不足是指在突发事件发生时，财政预算未能及时、有效地响应和满足应急管理的需求。当前，我国政府对预算制定和实施情况的回应仍以被动性回应为主。❶ 尤其是地方政府层面，在面临公众就预算事项提出的询问与建议时，容易表现出较低的回应积极性，甚至存在忽视公众关切、沉默不作为的情形。这种对民众正当预算关注需求的迟缓或无效回应，不仅未能有效消除公众疑惑，反而导致政府信誉受损，由此可能会导致应急救援、恢复重建等工作的滞后和效果不佳，给社会带来更大的损失。从目前政府应急预算回应的意愿和速度来看，国家的回应型预算制度在事前、事中、事后三个方面还存在一定程度的缺失。❷ 下文将从预算管理体制不健全、预算资金分配不合理、预算监督和评估机制不健全、与其他部门的沟通和协作不畅四个方面详细论述应急财政预算管理回应性不足的问题。

（一）应急财政预算管理体制不健全

在现行的预算管理体制框架下，预算的编制与审批流程设计较为复杂且耗时较长，这一体系通常需要经历多个阶段的严密审核与多层级的正式批准。从预算草案的最初构思到最终敲定，其间要经过部门内部讨论、初步拟定、跨部门协调、上级单位审核、财政部门复核、人大审议批准等多个环节。虽

---

❶ 陈国权，陈杰 . 论责任政府的回应性 [J] . 浙江社会科学，2008（11）：36－41.
❷ 王文君 . 回应型应急预算制度的逻辑生成与实现路径 [J] . 中央财经大学学报，2022（9）：16－24.

然这种多层次的审慎流程有助于确保预算的合理性与合规性，但也暴露出其在灵活性与效率上的不足，在面对快速变化的外部环境和突发事件，特别是在遭遇自然灾害、公共卫生危机或其他不可预见的紧急状况时，对财政资源的即时需求往往骤增，要求政府能够迅速调整预算分配，集中资源应对危机。然而，由于传统预算管理体制下的层层审批程序机制，且缺乏特定的应急财政预算绿色通道，使得应急响应的资金需求难以在短时间内得到满足。即使启动预算调整程序，也常因流程繁复、耗时较长而难以适应紧急状态下的快速响应要求，导致宝贵的救助时机被延误，影响应急处置的效率。例如，在疫情期间，需要紧急采购医疗设备、增加公共卫生支出、实施经济刺激措施等，但如果预算调整流程未能迅速适应这一需求，可能会限制政府的应急响应能力，无法及时为前线应急活动提供必要的财政支持。因此，简化预算编制与审批流程，建立应急预算调整的快速通道，以及增强预算体系的灵活性与适应性，是当前预算管理体制改革的重要方向。

（二）应急财政预算资金分配不合理

其一，对突发事件的性质、概率及其潜在影响的认识不足。在相对平静的时期，政府及相关部门可能倾向于将更多的财政资源投入到日常运行和可见的公共服务项目中，而忽视对潜在危机的预防和准备工作。这种短视行为往往基于一种错误的安全感，即认为过去未发生严重事件意味着未来也不会遭遇重大挑战，从而在预算资金安排时对应急财政资金的需求给予较低的优先级。

其二，风险评估的不准确也是导致应急财政预算水平被低估的一个重要因素。风险评估是一项复杂的技术活动，它要求综合考虑历史数据、趋势分析、专家判断等多种信息来源，而实际操作中，由于数据不足、模型局限、评估方法不当或是对不确定性的低估，都可能导致对潜在危机的严重性估计不足。例如，对自然灾害的频率和强度预测失准，或是在公共卫生领域未能准确评估新型传染病的传播速度和影响范围，都可能让预算资金准备显得捉襟见肘。

其三，预算制定过程中的决策机制和利益平衡问题也可能间接影响到应急管理资金的充足性。在资源有限的情况下，不同部门之间往往存在着争取预算的竞争，而那些能够带来直接政绩或公众感知更为明显的项目更容易受到青睐。应急管理，因其成效往往在危机真正发生时才显现，容易在日常预算竞争中处于不利地位，导致其资金被挤占或分配不足。

（三）应急财政预算监督和评估机制不健全

在预算执行过程中，如果没有有效的监督和评估机制，就难以确保财政资源得到有效利用。可能会出现资金浪费、挪用、滥用等情况，导致预算的回应性降低。同时，缺乏有效的监督和评估机制也会使得政府难以发现预算执行中的问题，无法及时调整和优化预算方案。

一方面，缺乏严格而全面的监督，预算执行过程中的资金分配和使用可能偏离最初的设计意图，导致不必要的开支增加，或者项目执行效率低下。例如，在突发公共事件发生时可能导致应急管理对某一项物资的需求暴增，而紧急政府采购可能因缺乏竞争性招标而支付过高价格，或项目实施中缺乏成本控制意识，导致应急财政预算超支而效果不佳。另一方面，在监督缺失和紧急事件发生双重困境的环境下，个别单位或个人可能利用职权之便，将应急财政预算资金挪用于非指定用途，甚至是个人利益，严重违背了公共财政的公正性和公共利益原则。在此情况下，某些紧急项目的推进可能会因此受阻或直接停滞，若不能及时通过监督反馈进行调整，可能会延误应对突发事件的宝贵时机，加剧社会负面影响。

（四）与其他部门的沟通和协作不畅

在应急管理中，需要多个部门和机构的协同作战。然而，出于部门之间沟通不畅、协作不紧密等原因，可能会导致预算方案与应急管理实际需求脱节。例如，某些部门可能不了解应急管理的具体需求，导致在预算编制时缺乏充分考虑；或者在某些紧急情况下，由于部门之间的协作不畅，导致财政资源无法及时到位，影响应急响应的效果。

究其成因，主要有以下几个方面：其一，信息不对称与需求认知差异。信息是应急响应的命脉，但在多部门协作中，由于信息系统不兼容、信息共享机制缺失或信息传递延迟，导致关键数据和情报无法及时、准确地在相关部门间流通。同时，各部门由于职责分工的不同，对应急管理的具体需求有着不同的理解与侧重。如果缺乏有效的信息共享机制，一些部门可能难以全面掌握应急管理工作的真实需求，导致在预算编制时忽视了关键环节或重要资源的配置，如紧急医疗服务、救援物资储备、信息技术支持等。这种需求认知的偏差，使得预算规划与实际需求之间出现脱节，进而造成应急预算回应性不足。其二，协作机制不健全，应急财政响应速度受限。在应对复杂多变的紧急情况时，如果没有形成一个完善的部门协作机制来统筹全局，协调各方行动，很容易出现各自为政、响应不一的局面，难以形成合力，大大降低了应急财政的整体效能。在紧急情况下，部门间协作的流畅与否直接影响到资源的调度与利用效率。如果缺乏明确的协同作业流程、沟通机制不顺畅，或是部门间缺乏互信，那么在关键时刻可能出现职责推诿、决策延误的情况。例如，财政部门可能因为没有收到应急管理部门的明确指令或信息，而延迟了应急资金的划拨，导致救援行动受阻，影响了应急响应的速度与效果。此外，还可能导致资源配置失衡与执行效率低下。在多部门协作的环境中，如果没有良好的协调机制来整合资源并实现优化配置，就容易出现重复投入或资源分配不均的问题。例如，不同部门可能各自为战，分别采购相似的应急物资而不进行资源共享，导致财政资源浪费；或者在应急基础设施建设上，由于缺乏统一规划，导致资源布局不合理，影响了应急公共服务的整体效能。

三、应急财政事权与支出责任划分不清

（一）财政事权划分不明确

在应急财政事权划分上，我国各级政府间存在一定的模糊性，这主要表现为四个方面。其一，缺乏具体操作依据。现有的法律法规对应急财政事权的具体划分往往规定不够详细，导致在实际操作中难以准确界定各级政府的应急事务权限。例如，《应急救援领域中央与地方财政事权和支出责任划分改革方案》只对中央与地方的应急财政事权作出了初步划分，没有更细化的划分方案。其二，职责交叉。在某些领域，如公共卫生服务、环境应急监测

等，中央与地方政府的职责存在交叉，这种职责交叉使得在突发事件发生时，各级政府之间的协调和合作变得复杂。如患者救治费、医务人员补助、科研攻关等支出，虽明确了中央与地方负担比例，但是事权划分不够细化。● 其三，地方差异性。由于我国地域广阔，不同地区在经济发展水平、应急资源禀赋等方面存在较大差异，这导致同一规则在不同地区实施时可能难以适应当地的实际情况，增加了事权划分的难度。例如，在应急救援领域，各地对省级财政事权、省与市县共同财政事权的划分就存在一定差异。其四，信息不对称。各级政府在信息获取和处理能力上存在差异，这种信息不对称可能导致在应急财政事权划分时，各级政府难以作出准确判断，影响决策的科学性和有效性。

（二）财政支出责任分配难题

在支出责任的分配上，主要存在四个问题。其一，财政能力差异。不同地区的财政收入水平存在较大差异，一些经济欠发达地区可能难以承担起应对突发公共事件所需的全部支出责任，履行相应事权缺乏足够的财力支撑。在应急管理方面，我国上级政府通常作宏观指挥调控，下级政府具体落实。但现实中，应急决策由上级政府作出，而相应的支出责任却可能更多下沉到下级政府，由此可能造成下级政府财政资金紧张。从应急财政管理实践来看，中央将应由自己履行的事权交给地方执行以后，相应的支出责任往往并未同步，从而出现所谓"中央请客、地方埋单"的现象。迫于地方财力紧张的现实，应急事权执行缺乏必要的财力基础。其二，实践中应急权责履行呈现出"央地博弈"的现象。一方面，中央政府倾向于将事权和支出责任下放给地方政府；另一方面，地方政府则倾向于依赖中央财政拨款，导致支出责任最终上移至中央。虽然应急事权划分遵循"分级负责"的原则，但在实际操作中，事权在下放与上移之间变动不定，条块分治问题较为突出。在支出责任履行方面，中央财政可能被迫承担兜底责任，地方严重依赖中央财政援助，导致支出责任分担失衡。其三，应急资金分配问题的影响。目前，我国应急

● 王泽彩. 加快构建应急管理财政政策体系 [N]. 学习时报，2020 – 03 – 04（A2）.

资金的分配机制还不够完善，缺乏对突发事件严重程度和影响范围的科学评估，导致支出责任分配可能存在偏差。其四，地方债务风险。一些地方政府在承担应急支出责任时，可能过度依赖债务融资，增加地方债务风险，影响财政的可持续性。

（三）缺乏动态调整机制

在应急财政事权和支出责任配置的过程中，缺乏动态调整机制的问题主要体现在制度僵化层面。现行的制度设计往往缺乏灵活性，难以适应突发事件的快速变化，导致财政资源分配和使用效率不高。在突发事件的性质、规模和影响范围发生变化时，现有的制度框架难以及时调整事权和支出责任的划分。由于缺乏动态调整机制，各级政府在面对突发事件时，往往需要较长时间来调整和重新分配财政资源，这可能导致应急响应的延迟。同时，现有的制度设计还往往缺乏前瞻性，加之无法准确预测和预防未来可能出现的突发事件，更容易导致应急财政事权与支出责任相脱节或重叠的情况发生。

第三节　完善应急财政管理制度的具体路径

一、加强应急财政管理法制建设

（一）提升法律法规的前瞻性与适应性

第一，建立动态修整机制。目前，我国总体上已经从"创法时代"迈向"修法时代"，正在进入法治精细化阶段。❶ 尽管近年来制定新法数量屡创新高，但修法数量仍远大于新法数量。❷ 在突发事件频发背景下，及时修改相关法律，建立动态修整机制殊为必要。修法中应当特别重视可操作性、实用

---

❶ 付子堂，胡夏枫．立法与改革：以法律修改为重心的考察［J］．法学研究，2014（6）：47－62.

❷ 黄海华．新时代法律修改的特征、实践和立法技术［J］．中国法律评论，2022（5）：172－181.

性，以便相关部门在突发事件来临时能够直接启动应急预案、实施应急响应并采取有效行动，避免层层请示汇报、等待上级决策的被动情形发生。❶ 为确保法律体系能够紧贴时代脉搏，对新情况、新挑战作出快速响应，必须构建高效、灵敏的动态修整机制。这意味着要设立专门的法律评估与修改委员会，负责定期（如每次遭遇重大突发事件后）对现行财税法律法规进行全面审查，以此进一步完善现有财税法律体系的应急功能，加强法律法规的前瞻性与适应性。

第二，增设税收应急机制的相关条款。在当前税收法制现状下，既要肯定财税主管部门应对经济形势变化而制定税收政策方面的灵活性，又要隔绝层出不穷的税收规范性文件架空税收法律，同时又难以经受严格法理分析而面临合法性追问的现象，重视在相关法律中规定重大突发事件税收应急机制的问题。其一，适时增加有关行政应急立法权的规定。在经历了"非典"疫情、汶川地震和新冠疫情以后，《立法法》修改时应当增加行政应急立法权的一般性规定，且需要有税收法律中具体的应急授权条款作为配合，才能构成税法领域完整的应急授权立法规则体系。《立法法》第11条和第12条大致划分出法律保留原则的适用范围，包括税率在内的税收基本制度属于法律保留原则，在符合该法第13～15条所规定的授权立法原则前提下，可以授权给行政机关予以规定或者加以调整。因此，在《税收征收管理法》当中制定应急授权条款时，可以考虑在应对重大突发事件但并无特别紧急的时间性要求下，仍然授权国务院制定特殊税收政策；在时间特别紧急的情况下，不妨直接授权给国务院财政、税务主管部门。由于《税收征收管理法》附则第92条为新法优于旧法原则、第93条为实施细则的授权立法条款，因而《税收征收管理法》中应急授权条款的增设位置可以考虑放在附则第92条和第93条之间。这样既能与前后条文有一定的逻辑关系，也符合该条文仅在非常态下才得以启用的附则条款定位。其二，提供突发事件下税收优惠和财政援助的法律保障。例如，在个人所得税专项附加扣除中增加"突发公共事件专项附

❶ 郑功成. 构建完善的突发事件应对法律体系［N］. 光明日报，2020－08－22（7）.

加扣除"，设定在突发公共事件期间，可以按一定金额标准从每月工资薪金里扣除。又如，为应对气候变化可能带来的风险，可以在《环境保护税法》中引入碳交易相关的绿色税制，激励减排。设立气候变化适应基金，支持易受气候变化影响地区的基础设施改造、应急先进适用技术推广及灾害预防工程。

第三，推动跨学科研究与立法咨询。财政学是研究应急管理的重要切入点，体现为应急管理的预算控制、事权配置和绩效评价等方面。鉴于应急管理研究的复杂性和综合性，需要在财政学的基础上进行多学科交叉研究。因此，建立跨学科专家咨询机制至关重要。这一机制应当涵盖财政学、法学、应急管理学、信息技术、公共卫生、经济学、社会学等多领域专家，以形成一个立体化的智囊团，为相关财税法律的制定和修改提供全方位、深层次的专业依据。通过举办研讨会、工作坊、模拟演练等形式，集合跨学科智慧，预判未来趋势，识别潜在风险点，使法律草案更科学、更周全。例如，在设计应急财政预算调整规则时，需综合考虑经济学理论与实践经验，确保预算调整规则既促进经济稳定又能快速响应社会需求。

第四，强化经济与社会综合考量。在应急财税管理制度的法律框架内，必须将经济稳定、社会公平及灾后恢复重建等长远目标融入考量。这意味着在修改法律时，不仅要关注即时的应急响应措施，更要兼顾经济的可持续发展和社会的长期有序运行。例如，可以通过设立专项条款鼓励私人投资参与灾后重建，同时保障弱势群体的基本生活和就业机会，防止因灾难加剧社会不平等。此外，应建立基于财政转移支付的补偿机制，确保资源在不同地区、不同群体间公平分配，促进区域均衡发展和社会整体福祉的提升。通过这些因素的综合考量，确保应急管理体系不仅是短期的危机应对工具，更是推动社会长期向好发展的基石。

（二）提高应急财税政策的时效性

第一，快速响应机制构建。为了在面对突发事件时迅速有效地提供财税支持，可以建立一套专门针对财税领域的快速响应机制。这一机制旨在确保财税政策能够迅速调整以适应不断变化的形势，特别是在突发公共事件导致经济冲击或社会需求骤增时。例如，可以成立由财税专家、经济学家和应急管理政策制定者组成的财税应急小组。在特殊的紧急状况下，该小组负责实时监控国内外经济动态和突发事件的影响，一旦发现需要财税政策调整的情况，财税应急小组将直接向决策层提交政策建议，并简化审批流程，以最快速度形成应急决策。这将有利于确保财税政策能够迅速出台，为受影响的企业和个人提供及时有效的支持。财税支持政策实施后，财税应急小组将定期评估其效果，并根据评估结果及时调整政策方向，以确保财税支持政策更贴近实际情况，为应对突发事件提供持续支持和反馈机制。

第二，财税预研与应急预案制定。为增强财税领域的抗风险能力，财税部门应当与科研机构、智库等紧密合作，针对潜在的重大风险进行前瞻性的财税预研。包括针对可能发生的自然灾害、技术革新带来的经济波动、经济危机等情景进行模拟，深入分析突发事件对社会经济结构和财税制度供给与运行可能产生的影响。基于这些分析，预先制定一系列财税应急预案和临时性财税措施，明确在特定紧急状态下，政府、企业和个人在财税应急领域的权力（利）与义务，以及财税资源的合理配置与调度规则。通过预案的制定，确保在危机发生时，能够迅速激活相应的财税措施，填补财税法律适用的未及时响应期，保障社会经济活动的稳定运行。同时，财税部门还应定期举行情景模拟演练，以检验预案的有效性和可操作性。通过模拟演练，及时发现预案中存在的问题和不足，并进行迭代完善。

第三，国际财税合作与协调。在全球经济一体化的背景下，财税应急管理活动不再局限于一国之内，加强国际财税合作成为提升财税应急管理效率的关键。通过积极参与国际组织如经济合作与发展组织（OECD）等的相关应急工作，我国可以更清晰地识别当前财税应急管理面临的挑战，并深入了解其他国家的成功做法，如欧盟的跨国财税协调机制、美国的财税优惠政策在紧急事件应对中的应用等。结合国际经验，适时调整国内财税政策，增加与国际财税合作相关的条款，确保财税政策的国际兼容性。这不仅有助于为跨境投资、贸易活动提供明确的财税指导，还能在紧急情况下为跨境救援、信息共享、物资援助等提供必要的财税支持。同时，积极参与国际财税规则制定，努力推动形成统一协调的国际财税应急管理规则体系，对提高全球应对突发事件的协同性和效率至关重要。这不仅有利于确保各国在应对突发事件时拥有相互协调的财税支持手段，还能有效避免国家间的财税冲突，同时提升我国在国际应急管理领域的影响力和话语权。

（三）注重挖掘和拓展政策实施空间

第一，细化操作指南。针对现有法律中过于宽泛的条款，制定详尽的操作手册或指南是至关重要的一步。这包括对关键概念进行明确定义，例如，"紧急状态""必要物资"等，确保在不同情境下有统一的理解和执行标准。同时，明确操作流程。例如，进一步明确财政资金的紧急拨付流程、应急公共服务的启动条件与步骤，以及每个环节的责任主体和职责分工，确保各层级、各部门间协调一致。此外，建立严格的监督机制。包括设立独立的审计监督机制，同时定期检查法律执行情况，及时发现并纠正执行偏差，减少非常状态下自由裁量权的滥用。

第二，注重财税应急管理中公众的参与和反馈。财税政策的制定和调整与公众的切身利益紧密相连，其有效性依赖于公众的广泛认同与支持。因此，在应急财税政策的制定和调整过程中，应积极吸纳公众的参与政策评议。可以通过公开征求意见、召开听证会、在线论坛等多种形式，广泛邀请公民、企业、非政府组织等利益相关方参与财税政策的讨论。例如，通过政府官方网站、社交媒体平台等渠道，发布财税政策草案或修改意见稿，并设置专门的反馈邮箱或评论互动平台，鼓励公众提出意见和建议。或者利用在线论坛、社交媒体群组等平台，开设财税政策讨论专区。鼓励公众在专区内发表观点、提问或回答其他用户的问题。同时，吸纳专门的财税政策专家或工作人员参与互动，负责解答公众的疑问，回应公众的关切，并收集有价值的公众意见。可以举办财税政策宣讲会、研讨会等活动，邀请专家学者进行全面解读，帮助公众更好地理解和运用财税政策。通过各种渠道加强对财税政策的宣传和引导，提高公众对财税政策的认识和理解。

第三，构建财税应急管理案例库。为了提升财税应急管理政策的统一适用性，可以建立财税应急管理典型案例指导制度。通过精选并发布财税政策在应急管理具体情境下的应用方法、处理流程、遇到的挑战、相应的解决方案以及案例分析报告，帮助财税应急管理相关人员深入理解政策精髓，减少政策文件的误读和误解，确保财税应急管理政策适用的准确性。公众可以通过这些案例了解财税法律和政策在应对突发事件中的实际作用，更加信任和支持财税应急管理工作。财税应急管理案例库也可作为重要的培训教材，为财税应急管理工作者提供丰富的实践经验和启示。通过学习这些案例，可以提升自己的专业能力，确保在未来的突发公共事件应对中能够快速、准确地依据规范采取行动。

二、提升应急财政预算管理水平

（一）优化预算管理流程

第一，适度简化应急预算编制和审批流程。对现有应急预算管理运行流程进行全面梳理，去除不必要的审批层级和重复环节，实现流程的扁平化管理。通过合并同类项目的审批，减少中间流转时间，使预算安排能够更快到达决策层。同时，制定标准化的应急财政预算编制模板和明确的指导原则，帮助各部门在特殊时期快速、准确地完成预算编制工作，减少因格式不统一或理解偏差造成的返工。此外，还应当考虑为应急财政预算编制和审批设定明确的时间表，每一环节都有明确的截止日期和责任人，确保整个流程在规定时间内高效推进。

第二，引入应急财政预算快速通道。为应对不可预见的紧急状况，在简化应急拨款流程的同时，还应当构建一套应急财政预算快速通道管理机制，确保在危机发生时，能够迅速、高效地调配资金资源，以支持关键应急措施的实施。例如，在现有的预算管理体系下增设应急响应模块，明确界定在何种紧急情况下应启动快速审批通道，并详细规定启动的条件、操作流程及相关权限，确保预算系统在紧急时刻能够迅速响应，避免延误。在紧急状态下，赋予特定层级部门临时的财务审批权以确保资金调动的迅速性。这些层级部门在限定的额度内，能够决定应急资金调用而无须经过烦琐的常规审批流程，以提升应急资金的使用效率。事后对每一笔应急资金的使用进行严格的审计和绩效评估，确保资金的合规使用，也为未来的应急财政预算调整提供重要的反馈依据。

第三，加强预算管理信息化建设。构建集成化、智能化的预算管理信息系统，将预算编制、审批、执行、监控和评估等环节全部纳入统一平台，实现数据实时共享和流程自动化。辅之利用大数据技术分析历史预算执行数据，为未来的预算编制提供精准预测和风险预警，提升应急财政预算编制的科学性和精准度。同时，采用云服务和虚拟化技术，使预算编制和审批不受时间和地点限制，提高决策效率，尤其是在应急响应期间，保证决策的快速性和行动的连续性。引入人工智能算法，辅助应急财政预算管理人员进行数据分析、风险评估和资源优化配置，提升决策的智能化水平。

（二）强化应急资金分配管理

第一，加强对应急管理需求的科学评估和精准预测。构建跨部门的风险评估机制，综合考虑自然环境、公共卫生、社会安全、经济运行等多维度风险，运用定量分析与定性评价相结合的方法，提高评估的全面性和准确性。同时，开发基于大数据和人工智能的预测模型，分析历史数据趋势，结合当前社会发展状况和未来可能的变数，动态预测应急管理的需求变化，确保预算编制更具前瞻性和适应性。在评估和预测过程中，邀请专家、社区代表、非政府组织等多方利益相关者参与，确保需求评估的全面性和代表性，提高公众对预算安排的认可度。

第二，强化应急专项资金管理。为了有效应对各类突发事件，各级政府的年度财政预算编制中通常会包含固定的专项应急资金，其规模需一般根据历史灾害数据分析、当前风险评估及未来趋势预测科学设定，确保既能满足基本的应急需求，又不会过度占用日常运行资金。在此基础上，还需要制定详细的资金管理规则，包括存储方式、利息收益处理、滚动累积机制等，以确保资金在没有紧急情况时得到妥善管理，并在需要时能够迅速且高效地启用。为了进一步增强应急资金供给的规模和稳定性，应积极探索多元化的资金筹集渠道。除了传统的政府直接拨款外，可以考虑发行专门的应急债券，利用金融市场为应急响应拓展长期稳定的资金来源。同时，鼓励并规范社会捐赠，设立专项社会应急援助基金，吸引企业、非政府组织和个人捐赠，通过税收优惠等政策措施激励社会各界积极参与应急资金的筹集，形成政府主导、社会参与的多元化资金储备格局。这样不仅能够扩大应急资金的总体规模，还能提高财政储备的弹性和应对复杂多变风险的能力，确保国家和社会在面对不可预见的挑战时，具备更加坚实的财力支持。

第三，定期评估与审计预算资金使用情况。完善应急管理预算资金使用的绩效评价体系，设定明确的考核指标和认定标准，包括但不限于响应速度、资源利用率、社会效应等，定期进行评估。引入独立第三方审计机构进行定期审计，确保审计结果的客观性和公正性，及时发现并纠正预算执行中的问题，如资金浪费、挪用等。基于评估和审计结果，建立反馈机制，及时调整预算分配策略和资金使用方向，优化资源配置，提升资金使用的合理性和有效性，同时将有益实践经验转化为制度化规定，为未来预算制定提供规范依据。

（三）加强预算执行监督和评估

第一，建立健全预算执行监督机制。为了确保应急预算执行的透明度和合规性，应构建一个包含政府内部自我监督、独立审计机构监督、人民代表大会监督及公众广泛参与的四维监督网络。政府内部应设立专门的监督部门，负责日常监督工作；审计部门应定期进行财务审计，确保每一笔预算支出都有据可循；人大及其常委会应发挥其法定监督职能，通过质询、审议等方式强化外部约束力；同时，通过搭建线上平台、开设热线电话等方式，鼓励公众举报预算执行中的违规行为，实现全民监督。确立固定的监督周期，例如，每季度进行一次预算执行情况的审查，并在年终进行全面的决算审查监督，辅以不定期的随机抽查，及时揪出执行偏差问题。此外，应通过官方渠道，如政府网站、新闻发布会等，定期发布应急预算执行报告，详细公开资金流向、项目进度、效果评估结果等，增强公众参与和监督力度。

第二，引入第三方评估机构。选择具有专业资质认证、行业口碑良好的第三方评估机构参与预算绩效评价，确保评估工作的独立性和公信力，避免潜在的利益冲突。第三方评估不仅应聚焦于预算资金使用的经济效益和执行效率，还应深入考察项目实施的社会效益、环境影响、可持续性等多个维度，形成综合性的评估报告并面向全社会公开，接受公众和媒体的广泛监督，促使评估结论得到有效应用。该评估报告不仅可以作为未来预算编制的参考依据，也可以为政策调整提供有力的数据支持。

第三，注重整改预算执行问题与建立长效管理机制。建立快速响应和问题上报系统，一旦发现预算执行中的任何偏差或问题，能够立即反馈至相应决策层，确保问题被迅速记录并分类处理，避免延误。对查实的问题，需明确责任主体，严格实行责任追究制。同时，针对具体问题提出详尽的整改方案，设定明确的时间表，实行跟踪管理，直至问题彻底解决。整改过程应进行深度分析和总结，将成功经验和失败教训提炼成案例，纳入内部培训资料和工作手册，通过工作研讨会、经验分享会等形式，向相关部门及其工作人员传播，以提升整体的预算管理和风险防控能力，从根本上防止类似问题再次发生，同时不断促进预算管理系统的持续优化和升级。

（四）加强部门间沟通与协作

第一，建立健全应急资金综合协调机制。具体而言，制定明确的职责分配图谱和协作流程，细化不同应急响应等级下相关部门之间的具体职责、任务分配以及协作模式，确保在面对紧急状况时，能够迅速启动跨部门的协同联动机制，高效应对各种突发事件。实践中，财政部门和应急管理部门的紧急协作机制已经初步建立起来。典型的如，2020 年财政部和应急管理部印发实施的《中央自然灾害救灾资金管理暂行办法》（财建〔2020〕245 号）第10 条规定，突发公共事件后，财政部要会同应急管理部建立救灾资金快速核拨机制，根据灾情先行预拨部分救灾资金，后期清算，切实保障群众生命财产安全。

第二，定期召开跨部门联席会议。为确保应急预算管理体系的持续优化，应建立常态化的联席会议机制，如按月或季度举行，旨在评估突发事件背景下应急预算的执行成效，讨论预算调整的必要性，以及规划未来一段时期内的预算投放重点。会议议程应涵盖对以往预算执行情况的回顾分析、当前预算执行状态的全面审视，以及基于现状观察和趋势预测的未来预算需求评估。

此外，特别设立突发事件应急响应的快速会议机制，一旦出现紧急状况，确保能立即召集所有相关部门进行影响评估，迅速商讨并决定应急资金的紧急调配方案及使用策略，确保快速响应。

第三，深化信息共享与数据交换平台建设。构建一个集财政数据、应急资源分布情况、项目实施进展、未来需求预测等多维度信息于一体的应急预算信息共享平台，确保相关职能部门和单位能够实时、便捷地获取到更新、更全面的数据信息，为应急决策提供坚实的数据支撑。推动数据标准化和接口标准化进程，打破数据壁垒，实现不同部门系统间数据的无缝链接和高速交换，减少信息孤岛现象，提升信息处理和应急决策的效率。在此基础上重视信息安全防护，采取先进的加密技术和严格的访问控制措施，确保数据在传输和存储过程中的安全性，有效防范敏感信息的非法访问、泄露或篡改，筑牢信息安全保护屏障。

三、优化应急财政的权责分配机制

（一）形成有利于应急职责履行的事权配置体系

第一，细化应急职责体系与明确操作标准。为确保应急管理机制的高效运作，应组建一支由法律、财政、应急管理、公共政策、信息技术等多领域专家构成的跨学科团队，对现行制度方案及相关法律法规进行全面、深入的审查与分析。紧密结合以往应急处置中的实际案例与遇到的难点问题，对每项财政事权进行精细化梳理，细化到具体条款，如明确中央与地方政府在应急资金的筹集、应急物资的调度分配、人力资源的快速部署、技术支持的提供、受损基础设施的恢复重建等各个环节的职责界限。在此基础上，编纂一套全面详尽的《应急财政事权事项指南》，包括但不限于不同类型突发事件（如自然灾害、公共卫生事件、网络安全事件等）的财政应对流程图示说明，清晰展示从预警、响应到恢复重建的每一步骤；明确应急事权与责任分配机制，厘清各级政府部门、单位在应急响应中的具体职责、权限与协作关系；设定明确的操作权限边界，避免职责交叉或空白；收录典型应急事件案例分析，总结经验教训，提供解决方案参考；设立快速查询目录与索引，方便各级政府工作人员在紧急情况下迅速定位所需信息，加快决策与执行速度，提升整体应急响应工作的效率。

第二，优化职责划分与消除职责交叉问题。为有效应对应急管理体系中可能出现的职责重叠与协调不畅现象，应着手建立一个跨部门、跨区域的，涵盖来自卫生、环保、交通、民政、财政等多个关键部门高级别应急协调委员会，作为组织开展全国应急准备和救援工作的部际协调机构，以确保全面覆盖所有相关的应急政策制定与执行领域。委员会之下设立常设办公室，承担日常沟通、信息汇总与分析、协调会议组织等职责，确保在常态及应急状态下都能实现快速响应与高效决策。针对公共卫生、环境保护等多部门交叉管理的领域，委员会需压实工作责任，明确部门间的职责范围与合作机制。可通过签署正式部门间合作协议或联合工作计划书，将职责分配、协同流程、资源共享等关键要素予以规范化，确保各参与方对自身角色与任务有清晰的认识，避免执行过程中的推诿扯皮。此外，为进一步提升政策透明度和公众参与度，中央政府与地方政府应联合发布详细的应急事权与责任清单，明确标注哪些应急事务由中央主导、哪些属于地方自主管理、哪些需要双方共同承担责任，以及在特定情况下责任转移的触发条件与程序。同时，利用政府网站、社交媒体平台等渠道，将责任清单向公众开放，接受社会监督，提升应急管理体系的公信力与公众满意度。

第三，充分考量地域特性并实现差异化管理。中央政府在制定全国性的应急财政事权配置指导框架时，应充分考虑到我国各地经济发展水平、地理环境、人口分布密度以及自然灾害发生频率和类型存在显著差异的实际情况，设计出既有普遍适用性又兼顾地域特殊性的应急职责体系。该框架应为不同条件的地区提供定制化的指导方案，例如，对经济发达地区，侧重于鼓励其利用先进的科技手段提升应急响应效率，而对自然环境脆弱、经济相对落后的地区，则应更关注应急基础设施的建设和灾害预防能力的提升。鼓励并支持地方政府在中央政策框架的指导下，结合本地区实际情况，灵活制定更加符合当地需求的应急财政政策和实施方案，合理配置资源，优化财政支出结构，开发适合本地特点的应急项目和服务，如在山区着重强化地质灾害预警系统建设，在沿海地区重点关注台风和海啸等特定自然灾害的应对机制。此外，中央政府应当加大对经济欠发达地区应急职责履行的支持力度，通过财政转移支付、专项补贴、技术支持等多种方式，帮助这些地区提升应急管理水平和灾害应对能力。例如，提供智能预警系统的建设和升级资金，引入先进的远程医疗服务，以缓解偏远地区应急资源匮乏的问题；开发并推广灾害模拟演练软件，提高地方政府和公众的灾害应对意识与实战技能等。通过这些措施，逐步缩小地区间的应急响应能力差距，实现全国应急管理体系的均衡发展与整体效能提升。

第四，加强信息化建设以推动信息资源高效共享。为了在应急响应中实现更快速、更精准的决策，需要构建国家级别的应急指挥与信息共享平台，充分利用云计算的高效运算能力和大数据处理优势，以及区块链技术的去中心化、数据不可篡改特性，确保所有上传至平台的信息安全可靠、实时同步且易于追溯，为跨地域、跨部门的信息共享提供强有力的技术支撑。平台设计应高度集成地理信息系统地图、气象预报数据、实时灾情报告、应急物资库存状况、救援力量分布等多维度信息资源，通过智能化算法分析，实时生成直观的应急态势图和决策辅助报告，大幅度提升信息处理的速度与决策的精准度。同时，平台还需具备灵活的扩展性，能够随着应急需求的变化和新技术的发展，不断接入新的数据源和分析模型，保持其先进性和实用性。此外，定期举办跨部门信息共享培训与联合应急演练，优化信息收集、分析、上报、处理和传递流程，确保各级政府人员熟悉平台操作，提升信息共享意识和响应协同性。

（二）加快形成财力协调的央地财政关系

第一，优化财政转移支付。针对当前财政转移支付机制存在的不足，需要采取一系列革新措施，设计更为精细化、科学化的计算公式，为此需综合考虑多方面因素，包括但不限于各地区的财政自给水平、税收贡献能力、自然灾害的历史发生频率及严重程度、以往应急管理和灾后重建的支出情况等。通过引入更多考察因素，更精确地评估不同地区的实际应急需求和财政承受能力，确保转移支付资金的分配既精准又公平，有效缓解地区经济社会发展差异对应急响应能力的影响。在此基础上，可考虑成立中央应急响应专项基金，且独立于常规的财政预算，专门用于应对突发紧急情况，如自然灾害、公共卫生危机等。基金的运作应遵循高效、透明的原则，确保在危机发生的第一时间，能够迅速启动资金拨付程序，无须经过冗长的常规审批流程，从而大大缩短资金到位时间，及时支援受突发事件影响最严重的地区，特别是那些经济较为落后、自身财政资源严重不足的地区。同时，在现有的中央对地方纵向转移支付体系基础上，鼓励并促进地方政府间建立更为紧密的横向合作与互助机制。例如，在同一层级的政府之间，经济发达地区和经济欠发达地区可以参考《汶川地震灾后恢复重建对口支援方案》（国办发〔2008〕53 号）中"一省帮一重灾县"的原则，依据帮助方经济能力和受助方受突发事件影响的程度，合理配置财政援助力量，建立"一帮一"对口互助机制，由经济发达地区向经济欠发达地区提供资金支持，帮助后者提供基本公共服务、实施公共项目以缓解财政压力，从而增强国家整体的凝聚力和地方财务协调性。此外，加强中央与地方政府间以及各地方政府间的沟通协调，通过建立信息共享平台和定期会商机制，及时掌握各地应急资金的实际需求和使用效果，适时调整资金分配策略，不断提升财政转移支付体系的灵活性和响应速度。对在应急管理中表现突出、资金使用高效的地区，可以给予一定的政策倾斜或奖励，以激发地方政府的积极性和主动性，形成良好的示范效应。

第二，平衡中央与地方利益。为有效平衡中央与地方政府在应急管理和财政资源配置中的利益关系，需要建立常态化的央地利益协调对话平台。在此基础上，应定期组织多方参与对话协商，不仅包括中央和地方的直接代表，还应邀请专家学者、社会组织等第三方参与，就资源分配、政策调整、应急响应机制优化等问题进行深入探讨，确保双方乃至多方的意见和诉求得到充分表达和合理采纳，通过协商寻求共识，形成更加科学合理的央地合作模式。同时，注重形成行之有效的利益共享激励方案，旨在通过绩效考核和奖励机制，正面引导和激发地方政府在应急管理上的主动性和创新性。具体而言，可以设定一系列客观量化的目标指标，如应急响应时间、资金使用效率、灾害损失控制、民众满意度等，对在这些方面表现优异的地方政府给予更多财力支持，如增加次年的转移支付额度、提供专项补助资金等；或是间接的政策倾斜，例如，优先考虑其重大项目审批、给予更多的政策实验空间等，以此作为对其高效应急管理与创新实践的认可与激励。

第三，控制债务风险。为有效控制地方政府在应对突发事件中可能产生的债务风险，需要实施一系列综合性的风险管控措施。其一，由中央政府或相关部门制定发布详细的地方政府多元化融资指南，该指南应积极倡导并指导地方政府采用安全的创新融资方式，如建立可靠的公私合作伙伴关系、发行灾害专项债券、推广灾害保险产品等，这些方式不仅能在特殊时期拓宽资金筹集渠道，还能分散风险，减轻政府直接财政负担。需要指出的是，对地方债问题的分析不能缺失央地财政关系的维度。中国的这种以地方债为主的债务结构以及地方债存在较大信用风险的状况，也与央地财政关系尚未理顺存在密切关联。为有效防范化解突发事件背景下的地方政府债务风险，还需从根本上建立权责清晰、分配合理的央地财政关系，提升应急财政事权与支出责任的适应性。其二，建立全面的地方政府债务风险监控与预警系统，该系统需集成先进的信息技术，实时监测地方政府的债务规模、债务结构、偿债期限和债务担保情况等关键指标，结合宏观经济状况、财政收入预期、灾害发生概率等因素，设定科学合理的债务警戒线。一旦监测到某些地方政府的债务水平接近或超过警戒线，或发现债务结构不合理、偿债压力过大等情况，系统应及时发出预警信号，并提供具体的运用债务重组、优化负债结构的建议，必要时中央政府应当积极下场协调地方政府与金融机构之间的债务关系，寻求债务展期、利率调整等解决方案，有效控制债务风险，保障地方财政的稳健运行和地方政府的信用水平。

（三）探索建立动态调整机制

第一，强调制度灵活性与精准决策。为了有效应对各类紧急情况，首先需要对现有的法律框架进行革新，通过推动立法改革，嵌入"应急状态法律条款"，引入"临时授权制度"，在特定条件下赋予应急工作相关部门以特殊的应急权力，确保紧急决策与资源调配的灵活性与高效性。例如，规定在遭遇自然灾害、公共卫生危机、重大安全事故等特定紧急情况时，相关部门可以采取非常规措施，迅速集结并调动必要资源，以最快速度应对危机。与此同时，应开发并应用高度集成化的应急决策支持系统，充分利用现代信息技术的优势。该系统应整合大数据分析、人工智能算法、云计算等前沿技术，实时收集、分析来自多源的数据信息，包括但不限于环境监测数据、社交媒体动态、过往案例库等，实现对紧急事件的即时影响评估、动态预测未来发展态势，并基于分析结果，自动生成应对策略建议，为决策者提供科学、精准的决策依据。此外，系统还应优化决策流程，通过数字化手段简化审批步骤，缩短决策链路，确保关键指令能够迅速下达并执行，减少决策延误，保障应急响应的时效性。

第二，构建高效运作的动态调适和反馈机制。为了更精确地匹配不同紧急事件的应急需求，需进一步细化应急响应的等级划分，并针对每一级别明确具体的财政资源配置标准。例如，当启动某一级应急响应时，自动触发并解锁一定比例的应急预算预备金，这部分资金无须经过复杂的审批流程即可快速分配至相关部门和项目，确保救援行动的资金需求得到及时满足。在此基础上，优化和简化财政资源的调拨与下达程序，通过电子化、网络化的财务管理系统，实现资金的迅速划拨与流转追踪，确保每一笔应急资金都能及时、准确地到达前线，支持紧急救援和恢复重建工作。此外，要建立健全多元化、多层次的应急预算预备金体系，涵盖中央预备金、地方专项预备金以及跨区域协作基金等多个维度。中央预备金作为国家级别的战略储备，用于应对全国性或大规模灾害；地方专项预备金则侧重于满足各地区特有的应急需求，增强地方自我应对能力；而跨区域协作基金则致力于促进不同地区间的资源互补与协同支援，特别是在灾害跨越行政边界时，能有效调动和整合区域资源，形成区域应急管理合力，确保在不同规模、类型的突发事件中均有充足资金保障。

第三，提升财税应急管理的响应能力。面对突如其来的经济波动、税收政策调整或财政风险，保障响应速度和决策效率显得尤为重要。为此，可以升级财税应急通信系统，通过引入云计算和高效数字技术，确保在突发事件期间财税信息的高速、稳定传输。无论是财政收入数据、税收征缴情况，还是政策调整通知，都能在较短时间内准确、无误地传达给各级财税部门和相关单位。再者，可以开发跨部门财税协同平台，将财税部门、金融机构、审计机构等多个相关部门紧密连接起来，实现信息的实时共享和同步。一旦出现紧急情况，通过该平台可以快速调度资源，确保财税应急措施能够迅速、有效地实施。此外，推广人工智能辅助决策工具在财税应急管理领域的应用，利用先进的机器学习模型，对应急状态下的财税数据进行深度分析，预测突发事件下可能出现的经济波动、税收风险等情况，并模拟不同决策方案可能带来的后果影响，为财税部门提供科学的决策依据，帮助快速制定最佳的应对策略。此外，建立实时反馈机制也是提升财税应急管理响应能力的关键。通过收集和分析财税应急措施的执行情况、效果评价等信息反馈，不断优化决策质量，提高财税应急管理的针对性和有效性。

主要参考文献

一、图书

［1］姬广科．突发事件应急管理中的政府责任机制研究［M］．长沙：湖南人民出版社，2015：1．

［2］童星，张海波，等．中国转型期的社会风险及识别：理论探讨与经验研究［M］．南京：南京大学出版社，2007：30．

［3］冯俏彬．应急财政：基于自然灾害的资金保障体系研究［M］．北京：经济科学出版社，2012：35．

［4］杨川仪．地方财政失衡的法律问题研究［M］．昆明：云南大学出版社，2022：24．

［5］李社宁．财政学［M］．2版．西安：西北大学出版社，2017：3．

［6］丁文喜．突发事件应对与公共危机管理［M］．北京：光明日报出版社，2009：41．

［7］王宏伟．应急管理导论［M］．北京：中国人民大学出版社，2011：13．

［8］陈月．应急管理概论［M］．北京：中国法制出版社，2017：11．

［9］刘剑文．法治新时代的公共财政监督［M］．北京：

北京大学出版社，2021：3.

[10] 张永理，李程伟. 公共危机管理 [M]. 武汉：武汉大学出版社，2010：13.

[11] 安东尼·吉登斯. 现代性的后果 [M]. 田禾，译. 南京：译林出版社，2000：44.

[12] 戴维·莫斯. 别无他法：作为终极风险管理者的政府 [M]. 何平，译. 北京：人民出版社，2014：51.

[13] 狄波拉·勒普顿. 风险 [M]. 雷云飞，译. 南京：南京大学出版社，2016：5.

[14] 乌尔里希·贝克. 风险社会：新的现代性之路 [M]. 张文杰，何博闻，译. 南京：译林出版社，2022：16.

二、期刊

[1] 薛晓源. 风险、韧性与全球化：全球化的隐喻、困境与曙光 [J]. 探索与争鸣，2024（4）：5-9.

[2] 杨子晖，陈雨恬，张平淼. 重大突发公共事件下的宏观经济冲击、金融风险传导与治理应对 [J]. 管理世界，2020（5）：13-35.

[3] 钟开斌. 突发公共事件中的应急财力保障与多元责任分担 [J]. 改革，2008（7）：144-150.

[4] 殷继国. 紧急状态下经济法的应急保障功能 [J]. 政法论丛，2020（3）：49-58.

[5] 邹新凯，熊伟. 应急预算的问题检视与统分结合型构造 [J]. 现代经济探讨，2021（3）：50-59.

[6] 苗庆红. 应急预算制度构建研究 [J]. 中央财经大学学报，2021（7）：3-12.

[7] 崔军，杨琪. 应急财政支出绩效评价指标体系构建研究：基于模糊层次分析法的考察 [J]. 财贸经济，2013（3）：21-31.

[8] 王彦平. 突发公共事件视域下应急财税政策探究 [J]. 理论探讨，

2021（2）：97 – 102.

[9] 陈治. 突发事件背景下预算法应急机制的困境与出路 [J]. 法学论坛，2022（1）：87 – 96.

[10] 詹清荣. 各国运用财税手段应对新冠肺炎疫情的主要做法及思考 [J]. 国际税收，2020（4）：7 – 12.

[11] 李楠楠. 突发事件下财政应急机制纾困路径的法治研究 [J]. 江西财经大学学报，2021（2）：116 – 129.

[12] 祝哲，彭宗超. 突发公共卫生事件中的政府角色厘定：挑战和对策 [J]. 东南学术，2020（2）：11 – 17.

[13] 代海军. 新时代应急管理法治化的生成逻辑、内涵要义与实践展开 [J]. 中共中央党校（国家行政学院）学报，2023（4）：139 – 149.

[14] 张海波. 中国第四代应急管理体系：逻辑与框架 [J]. 中国行政管理，2022（4）：112 – 122.

[15] 冯俏彬. 新冠疫情折射下的我国应急财政管理制度 [J]. 财政科学，2020（4）：14 – 20.

[16] 欧阳天健. 应急管理事权与支出责任研究 [J]. 经济体制改革，2020（6）：153 – 159.

[17] 周刚志，谢令怡. "风险社会"中的财税法制及其宪法控制 [J]. 江苏行政学院学报，2021（3）：121 – 128.

[18] 严秋斯. 突发事件应对视域下的财政收支平衡 [J]. 经济法论丛，2022（1）：180 – 193.

[19] 吕冰洋，李钊. 疫情冲击下财政可持续性与财政应对研究 [J]. 财贸经济，2020（6）：5 – 18.

[20] 李楠楠. 跨区域应急协同治理的财政进路：以对口支援为切入点 [J]. 中国行政管理，2022（12）：127 – 135.

[21] 舒致远. 应对新冠肺炎疫情财政政策的国际比较与借鉴 [J]. 财政科学，2020（10）：122 – 128.

[22] 席卫群. 应对突发公共事件的财税政策研究 [J]. 财政科学，

2020（5）：14－25.

［23］茅孝军. 取道"项目化管理"：中国税收应急治理的功能主义进路［J］. 地方财政研究，2022（1）：80－87.

［24］谭小芬，解紫彤. 特别国债在抗击疫情中的作用［J］. 中国金融，2020（8）：91－93.

［25］师尚红，李艳强. 日本灾害应急管理法律体系研究及其启示［J］. 城市与减灾，2024（3）：56－60.

［26］张舒英. 日本的灾后重建缘何深陷财政困局［J］. 日本学刊，2011（4）：17－32.

［27］曹海峰. 欧盟重大突发事件应急协调机制及其借鉴［J］. 中州学刊，2016（12）：60－67.

［28］刘瑜，罗万金，杨霞. 全球"战疫"背景下欧洲财税新政梳理及启示［J］. 甘肃金融，2020（7）：34－36.

［29］王敏. 应急管理财政政策的国际经验及启示［J］. 财政科学，2020（4）：55－61.

［30］DONAHUE A K, JOYCE P G. A framework for analyzing emergency management with an application to federal budgeting［J］. Public Administration Review, 2001, 61（6）：728－740.

［31］MURPHY K M, TOPEL R H. Some basic economics of national security［J］. American Economic Review, 2013, 103（3）：508－511.

［32］AHRENS T, FERRY L. Financial resilience of English local government in the aftermath of COVID－19［J］. Journal of Public Budgeting, Accounting & Financial Management, 2020, 32（5）：813－823.

［33］MCDONALD III B D, GOODMAN C B, HATCH M E. Tensions in state－local intergovernmental response to emergencies：the case of COVID－19［J］. State and Local Government Review, 2020, 52（3）：186－194.

［34］APRILL E P, SCHMALBECK R. Post－disaster tax legislation：a series of unfortunate events［J］. Duke Law Journal, 2006, 56（1）：51－100.

［35］STEAD M M. Implementing disaster relief through tax expenditures: an assessment of the Katrina emergency tax relief measures ［J］. NYU Law Review, 2006 (81): 2158 - 2191.

［36］WERNER J. Fiscal equalisation among the states in Germany ［J］. Institute of Local Public Finance, 2008.

［37］AUZZIR Z A, HAIGH R P, AMARATUNGA D. Public - private partnerships (PPP) in disaster management in developing countries: a conceptual framework ［J］. Procedia Economics and Finance, 2014 (18): 807 - 814.

［38］COURTNEY B. Five legal preparedness challenges for responding to future public health emergencies ［J］. Journal of Law, Medicine & Ethics, 2011, 39 (S1): 60 - 64.

［39］DOWNEY D C, MYERS W M. Federalism, intergovernmental relationships, and emergency response: a comparison of Australia and the United States ［J］. The American Review of Public Administration, 2020, 50 (6 - 7): 526 - 535.

［40］RUBIN C B, BARBEE D G. Disaster recovery and hazard mitigation: bridging the intergovernmental gap ［J］. Public Administration Review, 1985 (45): 57 - 63.

［41］KIM B H. Budgetary responses to COVID - 19: the case of South Korea ［J］. Journal of Public Budgeting, Accounting & Financial Management, 2020, 32 (5): 939 - 947.

三、报纸

［1］黄程栋，杜泽琳. 推动应急财政作用有效发挥 ［N］. 学习时报，2014 - 09 - 29 (A04).

［2］林珊珊. 运用法治思维和法治方式应对突发事件 ［N］. 学习时报，2024 - 07 - 12 (A01).

［3］王泽彩. 加快构建应急管理财政政策体系 ［N］. 学习时报，2020 - 03 - 04 (A2).

［4］王祥喜．坚定走好新时代中国特色应急管理之路［N］．人民日报，2024 － 03 － 14（9）．

［5］王星．应对社会风险转型：从单一主体走向社会参与［N］．中国社会科学报，2014 － 12 － 05（B01）．

［6］郑联盛．加强突发公共事件应对的财政保障［N］．中国社会科学报，2020 － 08 － 05（A03）．

［7］王泽彩．美国、日本公共卫生应急管理财政政策的经验启示［N］．经济观察报，2020 － 05 － 11（5）．

［8］张丹，牛涛，李飞，等．应对自然灾害：有必要探索常态化税收应急政策［N］．中国税务报，2021 － 11 － 19（4）．

［9］刘磊，李欣，钱晶，等．日本、加拿大等国：支持中小企业以降税率为主［N］．中国税务报，2022 － 04 － 06（8）．

［10］郑功成．构建完善的突发事件应对法律体系［N］．光明日报，2020 － 08 － 22（7）．

［11］贾康．针对消费券发放的几点观察与思考［N］．第一财经日报，2024 － 04 － 25（A11）．

［12］金观平．推动财力真正下沉基层［N］．经济日报，2023 － 02 － 16（1）．